속담 속에 담은 불교
명쾌하고 쉬운불교

김 성 철

도서출판 오타쿠

3

머리말

현대의 학문 분류에서 불교학이 인문학의 한 분과학문이긴 하지만 문학, 역사, 철학, 언어 등을 연구하는 일반 인문학과 차별되는 독특한 점이 있다. 그 연구성과를 삶의 지침으로 삼는 수많은 불자들과 함께 한다는 점이다. 따라서 불교학자는 불교에 대한 인문학적 연구와 아울러, 그 연구성과를 대중에게 전하는 계몽적 역할도 소홀히 해서는 안 될 것이다.

필자 역시 그동안 불교에 대해 인문학적으로 연구하면서, 연구 중에 체득한 통찰을 우리 사회에 전하려고 노력해 왔다. 필자의 저술 가운데 ≪중론 개정본≫, ≪회쟁론≫ 등과 같은 원전 번역서와 ≪원효의 판비량론 기초 연구≫, ≪승랑, 그 생애와 사상에 대한 분석적 탐구≫ 등은 그야말로 순수한 인문학적 연구의 성과물이었다. 이와 함께 간간이 발간한 대중적 저술로는 ≪불교 초보 탈출 100문100답≫, ≪불교하는 사람은≫, ≪붓다의 과학이야기≫ 등이 있다.

이 책에는 작년 한 해 동안 〈불교신문〉에 연재했던 '속담으로 보는 불교 가르침'이라는 칼럼에 실은 글 43편과 2012년에 〈월간불광〉에 연재했던 '불교, 정확하고 명쾌하고 자유롭게' 칼럼의 글 12편이 실려있다. 두 칼럼 모두 일반인들에게 불교의 전문교리를 보다 쉽게 알리려는 목적에서 작성한 것인데, 앞의 칼럼은 '속담 속에 담은 불교'로, 뒤의 것은 '명쾌하고 쉬운 불교'로 개명하여 이 책의 앞뒤에 배치하였다.

불교 교리가 난해하긴 하지만, 우리에게 널리 알려진 속담을 골격으로 삼아서 가공할 경우 독자의 기억에 오래 남을 수 있을 것이라는 생각에서 기획한 칼럼이 '속담으로 보는 불교 가르침'이었고, 불교의 핵심 교리 12가지를 독자들이 완벽하게 이해할 수 있도록 장황할 정도로 상세하게 설명한 칼럼이 '불교, 정확하고 명쾌하고 자유롭게'였다. 두 칼럼 모두 불교 교리의 대중화라는 점에서 그 취지를 같이 하기에 ≪속담 속에 담은 불교, 명쾌하고 쉬운 불교≫라는 이름을 달아 이렇게 한 권의 책으로 묶었다.

본서에 실린 글들을 통해 부처님의 가르침이 여러 불자님들의 삶에 젖어 들 수 있기 바란다.

2022년 1월 11일

용산 우거에서 도남 김성철 합장
龍山 寓居   圖南 金星喆 合掌

차례

🪷 속담 속에 담은 불교

🪷 명쾌하고 쉬운 불교

속담 속에 담은 불교

🪷 천 리 길도 한 걸음부터

"천 리 길도 한 걸음부터." 예부터 우리나라를 '삼천리 금수강산'이라고 불렀듯이, 한반도의 남쪽 끝에서 북쪽 끝까지의 거리가 삼천리 정도 된다. 그 3분의 1인 천 리라고 해도 다 걸으려면 몇 날 며칠이 걸릴 것이다. 그런데 어쨌든, 천 리나 떨어진 먼 곳에 가고자 할 때, 가장 중요한 것은 우선 첫 발걸음부터 떼어야 한다는 점이다. 그래서 '천 리 길도 한 걸음부터'다.

천 리 길도 한 걸음부터. "어떤 일이든 실천이 중요하다."는 가르침이기도 하고, "아무리 큰 일도 사소한 것에서 시작한다."는 교훈이기도 하다. 그렇다면 불교수행의 첫 걸음은 무엇일까? 바로 지계에 있다.

당나라 문인 백낙천이 도림선사에게 여쭈었다. "부처님 가르침의 큰 뜻이 무엇입니까?" 도림선사가 대답했다. "그 어떤 악행도 짓지 말고, 온갖 선행을 받들어 행하라." 이 구절에 "스스로 그 마음을 맑히는 것, 이것이 모든 부처님들의 공통된 가르침이다."라는 두 문구를 덧붙이면 칠불통계게(七佛通戒偈)가 된다. 칠불통계게란 비바시불에서 석가모니불에 이르기까지 과거의

'일곱 부처님들께서 공통적으로 훈계하신 게송'이란 의미다. 도림선사는 칠불통계게 가운데 앞의 두 구로 답한 것이다. 그러자 백낙천이 말했다. "그 정도 가르침이야 세 살짜리 어린애도 아는 것입니다." 도림선사가 말했다. "세 살배기 어린애도 알지만, 여든 살 먹은 노인도 실천하지 못합니다." 사실 그렇다. 악행을 하지 말고, 선행을 하라는 것은 비단 불교뿐만 아니라, 모든 종교의 공통된 가르침인데 이를 항상 실천하기는 쉽지 않다.

악을 그치고 선을 행하려면, 선과 악의 정체가 분명해야 한다. 불전에서는 살생, 도둑질, 삿된 음행, 거짓말, 이간질(兩舌), 욕설, 꾸밈말(綺語), 탐욕, 분노, 삿된 종교관(邪見)의 열 가지를 십

악이라고 부른다. 이와 반대되는 것이 십선이다. 그래서 이들 열 가지 악행 앞에 '아니 불(不)자'를 붙여서 십선계라고 부른다.

대승이든 소승이든, 금강승이든 최상승이든 불교신행의 출발은 십선계의 실천에 있다. 불교에 입문한 후 아라한, 보살, 성불과 같은 엄청난 목표를 지향하면서 불교적 신행을 시작하지만, 그 출발은 불교적 윤리인 계행의 실천에 있다. "천 리 길도 한 걸음부터." 궁극적으로 삶과 죽음의 문제를 해결하기 위해 불교에 입문하지만, 지계의 발걸음을 떼어야 진정한 불자의 길에 들어선 것이다.

불전에서는 생명체가 살아가는 윤회의 현장을 욕계, 색계, 무색계의 세 곳으로 구분한다. 이를 삼계라고 부른다. 이 가운데 색계나 무색계의 경지가 되어야 깨달음을 위한 수행에 들어갈 수가 있다. 즉, 내 마음이 최소한 욕계의 상태에서 벗어나야 한다는 말이다. 욕계는 식욕이나 성욕과 같은 동물적 욕망을 추구하며 살아가는 세계다. 지계행은 우리를 이런 동물성에서 벗어나게 해 준다.

불교수행은 계, 정, 혜의 삼학으로 요약되는데, 이는 수행의 순서이기도 하다. 지계행을 통해 동물성에서 벗어나야 '마음을 모아서(정) 지혜를 닦는' 정혜쌍수의 수행이 가능하다. 깨달음의 천

리 길을 가고자 할 때, 내딛는 불교수행의 첫 걸음, 바로 지계행의 실천에 있다. 계행이 없는 불자는 아직 수행의 첫 걸음도 뗀 것이 아니다. 아무리 불교를 많이 알아도 ….

🪷 모래로 밥 짓기

"모래로 밥 짓기" 밥 짓는 시늉은 하지만, 수고만 들어갈 뿐 결과는 없다. 우리가 흔히 입에 담는 속담이지만, 그 출처는 불전에 있다. ≪능엄경≫에서는 "만일 음욕을 끊지 않고서 선정을 닦는다면, 모래를 쪄서 밥을 지으려는 것과 같다."라고 쓰고 있다. 이후 한산(寒山)의 시문이나 원효 스님의 ≪발심수행장≫에서도 이 비유를 차용한다.

불교수행의 궁극적 목표는 모든 번뇌가 사라진 열반이다. 수혹

(修惑)이라고 부르는 감성적 번뇌와 견혹(見惑)이라고 명명하는 인지(認知)적 번뇌가 모두 사라지면 열반에 도달한다. 즉, 깨달음을 얻는다. 몸이나 마음에 내가 있다는 생각(유신견), 전생과 현생, 현생과 내생이 이어져 있다거나 끊어져 있다는 생각(변집견), 인과응보의 이치를 부정하는 생각(사견), 이들 유신견, 변집견, 사견을 올바른 사상이라고 보는 생각(견취견), 잘못된 수행을 생천의 원인으로 생각하든지, 지계만으로도 해탈이 가능하다고 생각하는 것(계금취견), 사성제에 대한 의심(의) 등이, 견혹이라고 부르는 '인지적 번뇌'에 해당하고 탐욕, 분노, 교만 등이 수혹이라고 부르는 '감성적 번뇌'에 해당한다. 이런 번뇌가 모두 사라져야 불교수행의 궁극 목표인 열반에 도달한다.

불전에서는 지혜를 크게 무루지(無漏智)와 유루지(有漏智)의 두 가지로 구분한다. 무루지는 이들 번뇌의 뿌리를 뽑아서 완전히 제거하는 지혜를 의미하고, 유루지는 이들 번뇌를 눌러서 나타나지 않게 하는 지혜를 의미한다. 무루지는 부처님께서 발견하신 지혜이며, 유루지는 외도들도 알고 있던 지혜다. 유루지로 번뇌를 누르는 경우, 언제나 다시 번뇌가 나타날 수 있다. 따라서 번뇌가 완전히 사라진 열반에 도달하기 위해서는 무루지를 계발하는 게 중요하며, 무루지는 고, 집, 멸, 도의 사성제를 직관함으로써 체득되는데, 이렇게 사성제를 직관할 때 가장 중요한 것은 멸성제에 대한 직관이다. 즉 감성에서든 인지(認知)에서든, 번뇌(집)와 고통(고)의 완전한 소멸을 직관해야 무루지가 열린다. 인지의 차원에서 이렇게 무루지가 열린 성자를 수다원이라고 부른다. 수다원은 산스끄리뜨어 '스로따 아빤나(srota āpanna)'의 음사어인데, 예류(預流), 또는 입류(入流)라고 한역하며, '흐름에 들어간 자'라는 뜻이다. 여기서 말하는 '흐름'이란 수다원, 사다함, 아나함, 아라한으로 향상하는 '성자의 흐름'을 의미한다.

그런데 이러한 불교 특유의 무루지는 어디에서나 열리는 것이 아니다. 생명체가 사는 현장은 욕계, 색계, 무색계의 삼계로 구분되는데, 수행자의 마음이 색계 이상의 수준으로 올라가야 무루지가 열린다. 정확히 말하면 색계 초선정의 바로 직전인 미지정(未至定) 이상 되어야 사성제를 직관하여 무루지가 생길 수 있다. 즉 수행자의 마음이 최소한 욕계의 차원에서는 완전히 벗어나야 무루지가 열린다. 쉽게 풀어서 설명하면 식욕이나 성욕, 분노와 같은 동물적 감성에서 완전히 벗어난 수행자에게만 무루지가 열릴 수 있다는 말이다. 그리고 이런 동물적 감성에서 벗어나게 해주는 수행이 바로 지계행이다. 살생, 도둑질, 삿된 음행, 거짓말, 이간질, 험한 욕설, 꾸밈말, 탐욕, 분노, 사견 등 십악의 동물적인 행동에서 벗어나야 그 마음이 색계의 차원으로 향상할 수 있다. 이런 행동을 끊지 못한 사람이 참선이나 명상, 삼매를 닦을 경우, 그 겉모습만 좌선하는 모습일 뿐이지, 결코 열반을 체득할 수 없다. 모래로 밥 짓기다.

🪷 모로 가도 서울만 가면 된다

"모로 가도 서울만 가면 된다. '모로'는 '비껴서, 옆쪽으로, 가
장자리로, 대각선으로' 등을 뜻하는 부사다. 옆으로 걸어가도 서
울만 가면 된다. "그 방법이야 어떻든 결과만 좋으면 된다."는 뜻
이다. 걸어가든, 기어가든, 날아가든, 혹은 곧장 가든, 둘러 가든
서울만 가면 된다.

누군가를 비난할 때 이 속담을 인용하여 "모로 가도 서울만 가

면 되는 줄 아나봐!"라고 말할 수 있다. 그런데 수많은 역경을 헤치고 어떤 큰일을 해낸 사람을 향해서 "모로 가도 서울만 가면 된다."라고 격려할 수도 있으리라. 이렇게 이 속담은 긍정적으로도 쓰일 수 있다. 이 속담을 불교수행에 적용할 때 바로 그렇다. 모로 가도 서울만 가면 되듯이 염불이든 참선이든, 밀교든 현교든, 간화선이든 위빠싸나든 불교의 궁극적 깨달음을 얻게 해 주면 그 수행은 정법(正法)이다.

그런데 모로 걸어서 서울로 갈 때 목적지인 서울이 어떤 곳인지 정확히 알고 있어야, 나중에 서울에 도착한 것을 확인할 수 있듯이, 불교의 깨달음이 무엇인지 정확히 알고 있어야, 내가 체득한 경지가 올바른 깨달음이라고 나 스스로 알 수 있으리라.

그러면 불교의 깨달음은 무엇일까? 답은 간단명료하다. '번뇌가 사라지는 것'이다. 부처님의 깨달음과 가르침은 고, 집, 멸, 도의 사성제로 요약된다. 사성제란 네 가지 성스러운 진리란 뜻이다. 모든 현상은 궁극적으로 고통스러운 것이라는 고성제, 그런 고통의 원인은 내 마음 속의 탐욕, 분노, 우치(愚癡)와 같은 번뇌라는 집성제, 이들 번뇌를 모두 제거하여 고통이 사라지는 열반의 멸성제, 그리고 이렇게 번뇌를 제거하는 팔정도(또는 계정혜삼학)의 수행인 도성제다. 사성제에 대한 통찰을 현관(現觀)이라

고 부르는데, 사성제 현관의 궁극적 목표는 멸성제인 열반의 증
득에 있다. 즉, 불교수행의 길에서 최종 목표는 번뇌가 소멸한
열반이다. "모로 가도 서울만 가면 된다."고 하듯이, 그 어떤 수
행법을 선택했어도 나에게 열반을 증득하게 해 주면 그 수행법은
정법이다.

앞에서 말했듯이, 열반은 '번뇌의 소멸'이다. 따라서 내가 열반
을 얻었는지, 아닌지 확인하는 방법은 탐욕, 분노, 우치와 같은
번뇌가 아직 남아있는지, 아니면 완전히 사라졌는지 스스로 점검
해 보면 된다. 이성에 대한 음욕, 음식을 가리고 탐하는 식욕, 잘
난 체하며, 폼 잡고 싶어 하는 명예욕, 재물이나 권력을 추구하는
마음 등이 탐욕이다. 분노는 남에 대한 미움, 화, 질투, 저주, 적
개심 등으로 나타난다. 내가 어떤 수행을 했는데, 꿈에라도 이런
감정이 남아 있다면 나는 아직 깨달은 사람이 아니다. 또 '어리석
음'이라고 번역되는 우치가 남아있어도 나는 깨달은 사람이 아니
다. 여기서 말하는 우치는 소나 말처럼 어리석은 게 아니다. 머리
는 좋아도 '잘못된 종교관'을 갖는 게 우치다. 또 "내가 누구인
지?", "세상 만물이 왜 존재하는지?", "내가 왜 태어났는지?"와
같은 철학적, 종교적 의문이 여전히 남아 있거나, 누가 이런 질문
을 했을 때 상대방이 이해하도록 설명하지 못한다면, 아직 우치

가 사라진 게 아니다.

 "모로 가도 서울만 가면 된다."고 하듯이, 그 어떤 수행을 해도 탐, 진, 치의 번뇌를 제거해주면 그 수행은 정법이다. 그렇지 않으면 그 수행은 사법(邪法)이든지, 내가 그 수행을 제대로 하지 못한 것이다.

🪷 천 길 물속은 알아도 한 길 사람 속은 모른다

"천 길 물속은 알아도 한 길 사람속은 모른다." '한 길'은 사람 키 정도의 길이에 해당한다. 사람 키의 천 배가 되는 깊은 물속이라고 해도, 그곳에 무엇이 있는지 잠수해서 들어가보면 알 수 있다. 그런데 그 키가 한 길에 불과한 사람의 마음속은 남이 도저히 알 수가 없다. 사람의 마음을 그 겉모습이나 표정, 시늉으로 판단하지 말라는 교훈이다. 너무나 당연한 얘기다. 남이 속으로 무슨 생각을 하는지, 무슨 감정이 있는지 어지간히 짐작할 수는 있겠지만 그대로 알 수는 없다.

이 속담의 교훈은 불교수행에도 적용된다. 누군가 수행을 통해 어떤 경지에 올랐을 때, 그가 체득한 경지가 어느 정도인지 남이 도저히 알 수가 없다. 심지어 아라한이라고 하더라도 다른 누군가가 아라한의 경지에 올랐는지 아닌지 알 수 없다고 한다. 잡부(雜部) 니까야의 자설경(自說經, Udana) 가운데 ≪밧디야경(Bhaddiya Sutta)≫을 보면, 사리불이 갖가지 방편으로 난장이 밧디야를 가르치고 있었는데, 이를 목격하신 부처님께서 밧디야는 이미 윤회의 굴레에서 벗어난 아라한이라고 훈계하시는 장면이 있다. 사리불은 난장이 밧디야가 아직 더 공부를 해야 하는 유학위(有學位)에 머물러 있는 것으로 오해했던 것이다. 천길 물속은 알아도 한 길 사람 속은 모르는 것이 범부에게만 해당하는 얘기가 아니다. 이렇게 아라한조차 다른 아라한을 알아보지 못한다. (그러나 여기서 보듯이 부처님만은 한 길 사람 속도 아신다.)

　　탐욕, 분노, 교만, 우치와 같은 모든 번뇌를 제거하여 아라한이 되면 다음과 같이 자증(自證)의 오도송을 노래한다. "나의 삶은 다했다. 청정한 행은 이미 세웠고, 할 일을 마쳤으니, 내생의 삶

을 받지 않을 것을 나 스스로 안다(我生已盡 梵行已立 所作已
作 自知不受後有)." 윤회 속에서 수없이 탄생하던 일이 현생에
막을 내리고, 청정하게 살면서 모든 수행을 다 마쳤으니 내생에
다시 태어나지 않을 것이라는 점을 나 스스로 안다는 것이다.

　너무나 당연한 얘기다. 내가 좋아하는 이성과 섹스를 하고(음
욕), 맛있는 것 마음대로 먹고(식욕), 큰 부자가 되고(재물욕) …
밉거나 싫은 사람을 욕설로 제압을 하거나 쫓아버리고자 하는 마
음(분노) 등의 감성적 번뇌가 나에게 조금이라도 남아있는지 아
닌지, 나 스스로 너무나 잘 안다. 또, 세상에 대한 종교적, 철학적
의문(愚癡, 邪見)인 인지(認知)적 번뇌를 내가 모두 해결했는지
아닌지, 나 스스로 잘 안다. 수행을 통해서 이런 감성적 번뇌(修
惑)와 인지적 번뇌(見惑)를 모두 제거했을 때, 더 이상 세상에
대한 미련이나 한(恨) 없기에, 내가 내생에 다시 태어나려고 할
리가 없다. 그래서 아라한이 되면 "내생의 삶을 받지 않을 것을
나 스스로 안다."고 노래하는 것이다. 이런 자각을 '해탈지견(解
脫知見)'이라고 부른다. 예불문(禮佛文)의 오분향례(五分香禮)
에서 노래하는, 부처님과 아라한이 갖추신 '계, 정, 혜, 해탈, 해
탈지견'의 오분법신(五分法身) 가운데 마지막의 해탈지견이다.
내가 번뇌에서 해탈했다는 자각이다. 그러나 이와 반대로 나에게

음욕, 재물욕, 명예욕, 분노, 질투심과 같은 감성적 번뇌가 조금
이라도 남아 있고, 세상에 대한 종교적, 철학적 의문 가운데 아직
풀지 못한 것이 남아있으면 나는 깨달은 사람이 아니다. 내가 깨
달았는지, 아닌지는 내가 제일 잘 안다. 한 길 사람 속의 일이기
때문이다.

🪷 호랑이는 죽어서 가죽을 남기고 사람은 죽어서 이름을 남긴다

속담 중에는 부처님의 가르침과 부합하는 것이 많지만 그렇지 않은 것도 있다. "호랑이는 죽어서 가죽을 남기고 사람은 죽어서 이름을 남긴다." 많은 사람들이 인생 지침으로 삼을지 몰라도, 부처님 가르침과 어긋나는 대표적인 속담이다.

유교 경전 가운데 ≪효경(孝經)≫에서도 "내 몸뚱이와 머리털과 피부는 부모님으로부터 받은 것이니 다치거나 상하지 않게 하는 것이 효도의 시작이고, 출세하여 도를 행하고 후세에 이름을

떨침으로써 부모님이 드러나게 하는 것이 효도의 끝이다."라고 가르친다. 이 역시 위의 속담과 그 취지가 다르지 않다.

화무십일홍(花無十日紅). "꽃이 열흘 붉지 않다."는 뜻이다. 아무리 높은 권력에 올라가도 언젠가 내려오게 된다. 공수래공수거. "빈손으로 왔다가 빈손으로 간다."고 하듯이, 아무리 재산을 많이 모아도 죽은 후에는 그 모두가 남의 것이 된다. 자식에게 유산을 남길 순 있겠지만, 자식도 남은 남이다. 이렇게 권력과 재산은 언젠가 반드시 나의 손을 떠난다. 그러나 명예의 경우, 내가 죽은 후에도 그 명예가 내 이름 석 자를 장식하기에, 돈이나 권력보다 중요하다고 생각할 수도 있으리라.

그러나 곰곰이 생각해 보면, 돈이나 권력은 물론이고 명예도 나의 죽음과 함께 사라진다. 내가 죽은 후 내가 생전에 누렸던 명예 역시 무의미해진다. 살아 있는 그들이 아니라 죽은 나에게 그렇다는 말이다. 우리 민요 '성주풀이'에서는 "낙양성~ 십리허에~ 높고 낮은 저 무덤은~ 영웅호걸이 몇몇이며~ 절세가인이 그누구냐~ 우리네~ 인생 한번 가면~ 저기 저 모양이 될 터이니~ 에~라 만수 에~라 대신이여 …"라고 권력과 명예와 미모의 무상함을 노래한다. 살아 생전에 내가 아무리 명예를 드날렸더라도 죽은 나에게 그 명예는 무의미하다. 내가 죽으면 나에게서 이 세상 모두가 사라지기 때문이다. 나만 사라지는 게 아니라 저 북두칠성 성좌에 이르기까지 온 우주가 사라진다. 나와 함께 온 우주가 폭발하는 것이다.

티벳불교 겔룩파의 교과서 격인 〈보리도차제론(菩提道次第論)〉에서는 불교 초심자가 삼귀의의 다짐을 하기 전에 먼저 익혀야 되는 수행으로 '죽음에 대한 명상'을 제시한다. 염사(念死, marana-sati)라고 쓴다. 여기서 말하는 죽음은 '자신의 죽음'이다. '명상'이라는 용어를 썼지만, 별 게 아니다. 다음과 같은 생각을 되풀이 하는 것이다. "나는 반드시 죽는다. 그런 죽음이 나에게 언제 닥칠지 모른다. 내가 죽을 때 아무도 나와 함께 할 수 없다. 내가 죽으면 돈, 재산, 명예, 가족, 친지 등 모든 것과 이별한다. …" 이런 염사의 수행이 완성되어야 비로소 부처님과 가르침과 스님에 대한 믿음 다짐하는 삼귀의 의례에 진심으로 임할 수 있다. '죽음에 대한 명상', 즉 염사의 수행이 완성되었는지 알려면, 나에게 재물욕, 권력욕, 명예욕이 남이 있는지 확인해 보면 된다. 꿈에서도 이런 욕망이 없다면, 염사의 수행이 완성된 것이다. 죽은 나에게 재물이나 권력은 물론이고 생전에 날렸던 그 어떤 명예도 모두 무의미하기 때문이다.

현생에 내가 추구한 명예가 아니라, 다만 내가 지킨 지계의 정화(淨化)가 중요하고, 내가 지은 선업의 공덕이 중요하다. 더 나아가 다시는 먹이와 섹스와 권력과 재산과 명예의 세계에 들어오지 않는 열반, 해탈을 희구하는 마음이 중요할 뿐이다.

🪷 개똥밭에 굴러도 이승이 낫다

"개똥밭에 굴러도 이승이 낫다." 인간으로 살면서 아무리 비천하고, 괴로워도 죽는 것보다는 낫다는 뜻이다. 대부분 사람들의 마음일 것이다. 혹시 죽더라도 내생에 좋은 곳에 다시 태어나고 싶어 한다. 나도 그렇고 남도 그렇다. 그래서 장례식에서 "삼가 고인의 명복(冥福)을 빈다."고 말한다. "고인께서 저승에서 복락을 누리시기를, 예(禮)를 갖추어서 기원합니다."라는 뜻이다. 그러나 이렇게 지당한 듯하고, 평범한 생각의 뒷구석에도 번뇌가 깔려 있다. '유애(有愛, bhava-taṇhā)'라고 불리는 미세한 번뇌다. 유애는 '존재하고 싶은 욕망'이다.

"늙으면 죽어야지." 노인들이 농지거리로 입에 담는 대표적인 거짓말 가운데 하나다. 역사상 최초로 대륙을 통일하여 천하를 호령했던 진시황도 인생 말년이 되자 늙지 않는 명약, 불로초를 찾으려 했다. 인생 말년이라고 하지만, 진시황이 죽은 나이는 만 49세였다. 환갑을 넘기는 사람이 드문 당시였지만 지금의 기준으로 보면 요절이고, 단명이었다.

진시황

불전에서는 생명체가 윤회하는 세계를 세 층위의 여섯 곳으로 구분한다. 세 층위란 욕계(欲界), 색계(色界), 무색계(無色界)의 삼계(三界)를 말한다. 욕계는 식욕이나 성욕, 분노와 같은 동물적 감성을 갖는 거친 중생들이 사는 세계이고, 색계는 이런 동물적 욕망을 완전히 끊어서 '빛과 같은 몸'을 갖는 고결한 천신들이 살아가는 세계이며, 무색계는 그런 몸조차 사라지고 오직 정신적 삼매의 경지만 지속되는 세계다. 이런 삼계를 다른 방식으로 구분하면 천상, 인간, 아수라, 아귀, 축생, 지옥의 여섯 곳이 되는데, 이를 육도(六道)라고 부른다. 이런 육도 이론에 대응시키면, 삼계 가운데 색계와 무색계는 모두 천상에 해당한다.

초기불전의 가르침을 체계적으로 정리한 아비달마교학에서는 앞에서 말한 '유애', 즉 '존재에 대한 욕망'을 '내생에 삼계 가운데 색계나 무색계에 태어나고 싶은 욕망'이라고 해석하기도 한다. 그러나 욕계를 포함하여 그 어디에서든 존재하고 싶은 욕망이 '유애'의 진정한 의미이리라.

현생에 동물적 감성은 끊었지만, 내생에 그 어딘가에서 고결하게 살아가고 싶은 욕망이 있는 수행자의 경우, 그가 도달한 경지에 부합하는 색계나 무색계의 하늘에 태어난다. 호흡을 가다듬어서 선(禪)을 닦거나, 자비희사(慈悲喜捨)의 사무량심을 발휘하거나, 먹이와 섹스로 살아가는 욕계의 몸뚱이에 대해 정나미가 떨어지는 부정관(不淨觀)을 완성하여 그 마음이 욕계를 초월하면 내생에 색계에 태어난다. 이런 색계의 천상조차 거칠고 불편하다고 생각될 경우, 마음을 더욱 집중하여 삼매를 추구하면 내생에 무색계에 태어날 수 있다. 모두 윤회의 세계다.

"개똥밭에 굴러도 이승이 낫다." 보다 오래 살고 싶은 마음이고, 혹시 죽더라도 내생에 어딘가에 다시 태어나고 싶은 마음이지만, 이는 불교 수행자가 근절해야 할 '유애'의 번뇌일 뿐이다. 우리에게 유애가 남아있는 이유는 아직 고성제를 철저히 자각하

지 못했기 때문이다. 모든 것은 궁극적으로 고통이라는 일체개고
의 진리를 아직 체득하지 못했기 때문이다. 불교의 열반은 욕계
(欲界)든, 색계(色界)든, 무색계(無色界)든 윤회의 세계에서 완
전히 벗어나는 것이다. 개똥밭에 굴러도 이승이 낫다는 생각뿐만
아니라, 내생에 어딘가에 태어나겠다는 생각조차 없어야 한다.

✿ 금강산도 식후경이다

"금강산도 식후경이다" 아무리 좋은 구경거리도 허기를 채운 뒤에야 제대로 즐길 수 있다. 며칠을 굶은 사람에게는 '밥'과 무관한 그 어떤 것도 관심을 끌지 못한다. 여기서 말하는 '금강산 구경'은 정신적 활동이고, '밥'은 그런 정신적, 문화적 향유를 위한 물질적 바탕이다.

부처님의 교화방식 가운데 이와 부합하는 것이 있다. 바로 차제설법(次第說法, Anupubbikathā)이다. 차제설법이란 '순서에 따른 가르침' 또는 '점진적인 가르침'이란 뜻이다. 불교의

지적(知的)인 깨달음은 사성제(四聖諦)에 대한 통찰을 통해 얻어지지만, 부처님께서는 누구에게나 처음부터 사성제를 가르치지 않으셨다. 특히 재가불자를 교화하실 때에는 먼저 세속적 복락을 얻는 방법에 대해 가르치셨고, 이어서 감각적 쾌락의 위험

성에 대해 가르치셨으며, 다음에는 그런 쾌락으로부터의 해탈을
가르치셨고, 마지막에 가서야 사성제의 진리를 가르치셨다.

세속적 복락 가운데 최고의 것은 천상락(天上樂)이리라. 내생
에 천상에 태어나려면 남에게 많이 베풀고(보시), 청정하게 계를
잘 지키면(지계) 된다. 소위 '시(施), 계(戒), 생천(生天)'의 교화
다. 내생까지 갈 것도 없다. 현생에도 내가 행복한 미래를 맞이하
고 싶다면, 남에게 많이 베풀고, 항상 절제하며 청정하게 살면
된다. 재물만 보시하는 게 아니다. 내가 접하는 모든 사람에게
말 한마디라도 좋게 하고 표정 하나라도 잘 짓는다. 모두 다 보시
행이다. 적든 많든 모은 재산을 허비하지 않으며 절제하며 살아
간다. 지계행(持戒行)이다. "선행을 쌓은 집안에 반드시 뜻밖의
경사가 있다."라고 하듯이 이렇게 사는 사람에게는 만복이 깃들
지 않을 수 없으리라. 보시와 지계. 미래의 행복을 보장하는 지름
길이다.

그런데 이렇게 해서 얻어진 세속적 복락은 영원히 지속하지 않
는다. 언젠가 모든 게 무너지고 만다. 감각적 쾌락은 오래 지속되
면 반드시 고통으로 변하게 마련이다. 예를 들어, 오래 서 있으면
앉고 싶고, 그래서 오래 앉아 있으면 눕고 싶지만, 계속 누워있으
면 그 편안함이 다시 고통으로 변하기에 자리에서 일어선다. 잠

을 자면서 밤새 엎치락뒤치락 거리는 이유도 안락이 지속되면 반
드시 고통으로 변하기 때문이다. 윤회의 세계가 바로 그렇다. 고
통도 고통이지만 쾌락도 그 궁극적 본질은 고통이다.

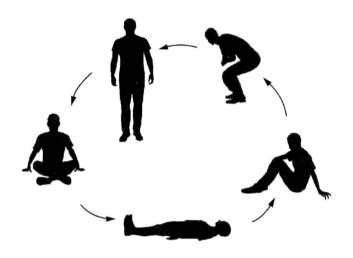

교화대상이 이런 사실을 직시하게 되면, 부처님께서는 비로소
그런 쾌락조차 추구하지 말 것을 가르치셨다. 해탈을 추구할 것
을 가르치셨다. 그리고 그 방법은 사성제에 대한 통찰에 있다.
고통이든 쾌락이든 모든 것의 궁극적 본질은 고통이다(고). 그런
고통은 쾌락을 추구하는 마음 속 번뇌에 있다(집). 그런 번뇌를
제거하면 고통도 사라진다(멸). 팔정도 또는 계정혜 삼학의 수행
을 통해 공성의 진리를 체득하면 그런 번뇌의 뿌리가 뽑힌다(도).

차제설법의 종점, 사성제의 가르침이다.

　차제설법 가운데 '보시, 지계, 생천'의 가르침을 통해 그 동안 동경했던 세속적 복락에 대한 모호함이 사라질 때, 비로소 세속적 복락의 정체를 철견(徹見)하여 해탈을 희구하며 사성제의 통찰에 들어갈 수 있다. 금강산 구경도 밥을 먹어서 허기를 채운 후에야 가능하듯이, 세속에서는 복락에 대한 한(恨)을 제거해야 깨달음을 추구할 수 있다. 부처님께서 선교방편(善巧方便)의 차제설법을 베푸신 이유다.

🪷 미모는 가죽 한 꺼풀

'미모는 가죽 한 꺼풀.' "Beauty is but skin deep."이라는 영어 속담의 우리말 번역이다. 잘생긴 남자든, 아리따운 여인이든 채 5mm도 안 되는 얼굴 가죽 한 꺼풀만 벗기면 흉측한 해골이 드러난다. 화상만 입어도 얼굴이 모두 망가지면서 옛 모습이 사라진다. 아침에 잠자리에서 일어나면 매일 닦고 씻고 바르고 꾸미는 얼굴인데 참으로 허망하지 않을 수 없다.

길을 걷다가 낯익은 얼굴이 눈에 띈다. 친구라고 확인되면 악수를 나누고 안부를 묻는다. 우리나라 5천만, 아니 전 인류 78억 명이 모두 이목구비를 갖춘 얼굴을 달고 있지만, 우리는 전혀 헷갈리지 않고 내 가족이나 친구를 정확히 짚어낸다. 간혹 유명 정치인이나 연예인을 닮은 사람을 발굴하여 TV에 등장시키지만, 혼동할 정도로 같은 사람은 없다. 대뇌피질 하부에서 얼굴인식을 담당하는 방추이랑(Fusiform Gyrus) 영역의 놀라운 감별력이다.

불전에서는 우리의 심신이 색(色), 수(受), 상(想), 행(行), 식(識)의 오온(五蘊)으로 이루어져 있다고 가르친다. 색은 나의 육신이고, 식은 마음이며, 수, 상, 행은 마음에서 일어나는 세부적인 심리작용들이다. 수는 느낌, 상은 생각, 행은 감성이나 의지를 의미한다. 우리의 육체인 색도 무상하고, 고락의 느낌인 수, 생각인 상, 감성이나 의지인 행, 그리고 마음인 식 모두 무상하다. 항상 변한다. 이렇게 변하기에 오온 가운데 그 어떤 것도 자아가 아니고(비아), 그 어떤 것에도 자아가 없다(무아).

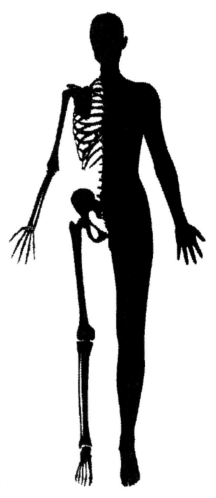

외모는 오온 가운데 육신인 색의 일부다. 우리의 외모는 상처가 나도 달라지고, 화상을 입어도 망가지고, 나이가 들어도 변한다. 따라서 나의 외모가 진정한 나일 수 없고, 나의 외모에 진정한 내가 존재할 수 없다. '미모는 가죽 한 꺼풀.' 부처님께서 가르치신 제법무아(諸法無我)의 가르침, 즉, "그 어떤 것에도 자아는 없다."는 가르침의 편린

이다.

우리는 얼굴에 배치된 이목구비의 위치를 보고서 예쁘다거나 잘생겼다고 말하지만, 진화생물학적으로 볼 때 이목구비의 원래 역할은 먹이 탐지와 관계가 있다. 인간이든 짐승이든 얼굴에 눈과 코와 혀가 몰려 있는 이유는 먹이가 들어가는 '입' 주변에 포진한 탐지기이기 때문이다. 눈은 멀리 있는 먹이를 모습을 포착하는 '원격 광학탐지기'이고, 코는 가까이 가져온 먹이의 성분을 탐지하는 '원격 화학탐지기'이며, 혀는 목구멍으로 삼키기 직전에 먹이의 화학성분을 최종 검사하는 '근접 화학탐지기'일 뿐이다. 눈과 코와 혀의 3단계 검토를 통과해야 먹이를 비로소 목구멍으로 넘긴다. 우리는 남의 눈매와 콧날과 입의 모습을 보고서 그 사람의 미모를 판단하지만, 얼굴 가죽 한 꺼풀에 배치된 이목구비의 원래 용도는 이러한 먹이 탐지에 있다. '미모는 가죽 한 꺼풀.'이라고 하지만, 이러한 이목구비의 용도를 상기하면 굳이 그 가죽 한 꺼풀을 벗기지 않아도, 모든 사람의 얼굴에서 미추가 사라진다. 잘생겼든 못생겼든 인간의 모든 얼굴 모습은 '먹어야 생존하는 가련한 중생'의 모습일 뿐이다.

≪청정도론(淸淨道論)≫을 보면 여인이 웃을 때 그 이빨과 연결된 해골을 떠올려서 역겨운 마음을 내어 아라한과에 오른 비구

스님의 일화가 소개되어 있다. 여인의 얼굴에서 가죽을 걷어내는 일종의 '상상(想像) 실험'이었다. "미모는 가죽 한 꺼풀."이었다.

🪷 미운 아이 떡 하나 더 준다

"미운 아이 떡 하나 더 준다." 미운 짓을 하는 아이에게는 회초리를 들고서 야단을 쳐야 하는 것이 인지상정인데, 그런 아이에게 오히려 더 잘 해 주라는 교훈이다.

불전에서 번뇌를 분류하는 방식이 여럿 있는데, 그 가운데 대표적인 것이 삼독(三毒)의 분류다. 삼독이란 탐욕, 분노(진에, 瞋恚), 어리석음(우치, 愚痴)의 셋이다. 이 가운데 감성적 번뇌인 '탐욕'과 '분노'는 그 방향이 상반된다. 탐욕은 나를 향해 끌어당기는 감성이고, 분노는 나로부터 밀쳐내려는 감성이기 때문이다. '미움'은 분노의 일종이다. 내가 보기에 그 아이가 옳지 않은 행동을 해서, 나에게 그 아이에 대한 미운 마음이 가득하기에, 그 아이에게 회초리를 드는 것이 마땅한데 이 속담에서는 그 아이에게 오히려 떡을 하나 더 주라고 한다. 내 마음과 상반된 행동을 하라는 것이다.

그 아이가 내게 미운 짓을 한다는 얘기는 내가 그 아이에게 무언가 잘못했기 때문일 수 있다. 또는 이유 없이 그 아이의 일거수일투족이 나에게 밉게 보일 수도 있다. 미운 아이에게 회초리를 들거나 야단을 치면, 미운 짓이 일단 그칠 수 있을 것이다. 마치 강아지를 조련하듯이, 상(賞)과 벌(罰)을 적절히 섞어서 아이를 조련할 경우, 그 아이가 미운 짓을 하지 않을 수 있을 것이다. 그러나 이런 억압은 근본적인 해결책이 아니다. 아이는 벌 받는 것이 무서워서 미운 짓을 참는 것일 뿐이리라.

불교수행 초입에 수행자의 성격에 따라서 '거친 감성과 인지' 를 정화하는 다섯 종류의 수행이 있다. '잘못된 마음을 중지시키 는 다섯 가지 수행'이라는 의미에서 오정심(五停心)이라고 부른

다. 탐욕이 많은 사람에게는 자기 몸이 시체가 된 후의 모습을 떠올리는 부정관(不定觀), 분노가 많은 사람에게는 주변의 모든 생명체가 행복하기를 바라는 자비관(慈悲觀), 마음이 산란한 사람에게는 자신의 호흡을 관찰하는 수식관(數息觀), 무아(無我)의 이치에 대해 무지한 사람에게는 오온(五蘊), 십이처(十二處), 십팔계(十八界) 등의 낱낱에 자아가 없음을 자각케 하는 계분별관(界分別觀), 사견(邪見)에 빠진 사람에게는 모든 것이 조건에 의존해서 발생한다는 연기관(緣起觀)을 닦게 한다.

"미운 아이 떡 하나 더 준다."는 속담은 이런 오정심 수행 가운데 자비관과 그 방식이 같다. 내가 부당하게 그 아이를 미워하든, 그 아이가 실제로 미운 짓을 하든, 나의 부당한 '미워함'과 그 아이의 왠지 모를 '미운 짓' 모두가 잦아들게 하는 자비관의 실천이다.

의학의 분과 학문인 신경생리학 개념 가운데 '역치(閾値, threshold)'라는 것이 있다. '생명체가 외부 자극에 반응을 일으키는 데 필요한 최소한의 자극'을 의미한다. 예를 들어서 전기 자극이 신경에 가해져도 어느 정도까지는 반응이 전혀 없다가, 자극의 강도가 일정 전압에 달하면, 비로소 신경이 활성화 되어 전기가 흘러간다. 미운 아이에게 내는 자비(慈悲)의 마음도 이와 마찬가지다. 한두 번의 실천으로 '나'나 '그 아이'의 감성과 행동에 변화가 오지 않는다. 미운 아이를 계속 자비로 대하다 보면, 어느 순간 감성의 역치를 넘어서 '나'와 그 아이에게 변화가 온다. 끝없는 자비관의 실천이 결국 '미움'을 치유하는 것이다. 상벌을 통한 조련이 아니라 미움의 뿌리를 뽑는 불교적 훈육이다.

🪷 되로 주고 말로 받는다

"되로 주고 말로 받는다." 지금은 박물관에나 가야 볼 수 있겠지만, '되'나 '말'은 쌀이나 콩, 팥 같은 곡식의 분량을 잴 때 쓰는 용기(用器)였다. 또는 그런 부피를 나타내는 단위이기도 했다. 한 되는 약 1.8리터로 페트생수병 하나 정도의 부피다. 열 되가 한 말이기에 "되로 주고 말로 받는다."는 것은, 내가 누군가에게 무엇을 주었을 때, 나중에 그가 나에게 그 열 배를 되돌려준다는 뜻이다.

되   말

불교교리 가운데 가장 널리 알려진 것이 인과응보의 가르침일 것이다. 누구나 업을 지으면 그에 상응하는 과보를 받는다. 선업을 지으면 즐거운 과보를 받고(善因樂果), 악업을 지으면 괴로운 과보를 받는다(惡因苦果). 제3의 어떤 절대자가 나의 행위를 지켜보고 있다가, 그에 상응하는 고(苦) 또는 낙(樂)의 과보를 주는 게 아니라, 업이든 과보든 모두 내 마음이 만들어내는 것이기에 자업자득이라고 한다.

그런데 보시행의 경우 이런 인과응보는 '되로 주고 말로 받는' 식으로 일어난다. 즉, 작은 보시의 선업을 지었는데, 큰 과보를 받는 것이다. 용수보살이 저술한 『대지도론(大智度論)』에서는 보시의 공덕을 설명하면서, "축생에게 보시하면 100배가 되어 돌아오고, 악인(惡人)에게 보시하면 1,000배가 되어 돌아오며, 선인(善人)에게 보시하면 10만 배가 되어 돌아오고, 욕심을 떠난 사람(離欲人)에게 보시하면 10억만 배가되어 돌아오며, 수다원과 같은 성인들께 보시하면 무량한 복이 돌아온다."고 가르친다.

이 경문의 교훈은 두 가지다. 첫째는, 보시의 선업을 지었을 때 그에 대한 과보가 1:1로 일어나는 것이 아니라, 최소한 1:100 이상으로 일어난다는 점이고, 둘째는 '보다 선(善)하고 수행의 경지가 높은 분'에게 보시할수록 그 과보가 크다는 점이다. 심지어 짐승이라고 해도, 내가 밥을 한 끼 먹여주면 그런 보시의 공덕으로 인해 내가 100끼의 식사를 할 수 있는 과보를 받는다. 또, 불교 수행의 길에서 수다원의 지위에 오른 성인(聖人)에게 보시할 경우 무량한 복이 돌아온다. 그 대상이 짐승이든 인간이든, 인간의 경우 악인이든 성인이든 우리가 누군가에게 보시할 경우 되로 주고 말로 받는 정도가 아니라 최소한 100배 이상, 많게는 무량한 복덕의 과보를 받는다는 것이다. 사실 그런 것 같다. 내가 지금껏 살아오면서, 짐승이든 인간이든 다른 생명체에게 크게 보시한 기억이 별로 없는데도 불구하고, 매일매일 세 끼 밥을 넉넉히 먹고 살아가는 것은 아마 되로 주듯이 몇 번 보시했던 일에 대해 말로 받고 있는 과보일지도 모른다.

이렇게 작은 보시로 큰 과보를 받았던 일화는 아쇼카왕의 전기인 『아육왕전(阿育王傳)』에도 실려 있다. 불교에 귀의한 후 무력이 아니라 다르마에 의한 통치를 선언했던 아쇼카왕은 전생에 덕승(德勝)이라는 이름의 어린아이였는데 동생과 흙으로 성(城)을 만들면서 놀다가 우연히 그곳을 지나가시던 석가모니 부처님을 뵈었다. 덕승동자는 흙으로 만든 성 안의 창고 자리에서 흙 한 줌을 움켜쥐고서 '보리'라고 부르며 부처님께 시주를 올렸고, 부처님께서는 이를 기꺼이 받아주셨다. 덕승동자는 이 보시의 공덕

으로 인해 그 다음 생에 인도대륙 거의 전역을 통일한 아쇼카왕
이 되었다고 한다. 되로 주고 말 이상으로 받는 엄청난 과보다.
그를 받아주신 분이 성인 중의 성인이신 부처님이셨기 때문이다.

🪷 꼬리가 길면 밟힌다

"꼬리가 길면 밟힌다." 아무도 보지 않았다고 해도, 나쁜 행동을 계속 하면 결국 들키거나 잡히고 만다는 교훈이다. 예를 들어서 한두 번은 들키지 않고 남의 것을 훔칠 수 있을지도 모른다. 또 한두 번은 들키지 않고 불륜을 저지를 수 있을 것이다. 그러나 그런 행동이 계속되면 언젠가 발각되어 봉변을 당한다.

나쁜 행동에는 도둑질만 있는 것이 아니다. 각 나라의 문화나 법률, 종교에 따라서 '나쁜 행동'에 다소 차이가 있을 수 있겠지만, 불전에서는 살생(殺生), 도둑질(偷盜), 삿된 음행(邪婬), 거

짓말(妄語), 꾸밈말(綺語), 이간질(兩舌), 험한 욕(惡口), 탐욕, 분노(瞋恚), 삿된 종교관(邪見)의 열 가지를 악행이라고 가르친다. 나쁜 행동은 몸과 말과 마음의 세 곳에서 일어날 수 있는데, 살생, 도둑질, 삿된 음행의 세 가지는 몸으로 짓는 악행이고, 거짓말, 꾸밈말, 이간질, 험한 욕의 네 가지는 말로 짓는 악행이며 탐욕, 분노, 삿된 종교관의 세 가지는 마음으로 짓는 악행이다. 이런 열 가지 행동을 지을 경우 앞날에 언젠가 그에 대한 과보로서 불행이 찾아온다.

"꼬리가 길면 밟힌다."고 하듯이, 이런 열 가지 행동을 오래 할 경우, 그에 상응하는 괴로운 일이 벌어진다. 『선악인과경』에 의하면 살생을 많이 하거나 생명을 해치면 인간으로 태어나도 내생에 단명하거나 병이 많고, 도둑질을 많이 하면 빈궁하고 고독한 과보를 받으며, 사음죄를 지으면 배우자가 부정하고, 거짓말을 많이 하면 비방을 많이 받으며, 이간질을 하면 친족이 파괴되고, 험한 욕을 많이 하면 남에게 욕을 먹고, 꾸밈말을 많이 하면 남이 내 말을 믿지 않고, 탐욕심을 많이 내면 욕심이 끝이 없고, 분노심이 많으면 남이 나를 해치며, 삿된 종교에 빠지면 마음이 항상 부정하고 비뚤어져 있다.

그런데 이런 열 가지 악업들은 이를 한두 번 지었다고 해서 그 과보가 즉시 나타나는 것이 아니다. 악업을 지으면 그 행위가 마치 씨앗과 같이 영글어서 내 마음 속에 저장된다. 유식학(唯識學) 용어로 '창고와 같은 마음'인 아뢰야식에 저장되는 것이다. 그 후 같은 행위가 반복되면 그렇게 저장되었던 악업의 씨앗이 점차 무르익어서 발아하게 된다. "꼬리가 길면 밟힌다."고 하듯이 악행이 계속되면 시간이 지난 후 고통의 과보로 나타나는 것이다. 이를 불교전문용어로 '이숙인(異熟因)-이숙과(異熟果)'의 인과응보라고 부른다. 이숙(異熟)이란 위빠까(Vipāka)의 번역어인데, 문자 그대로 "다르게(異, vi) 익는다(熟, pāka)."는 뜻이다. '다르다'는 것은 원인이 선이나 악인데, 그 결과는 낙(樂)이나 고(苦)로 그 질이 달라진다는 뜻이고, '익는다'는 것은 선업이나 악업의 과보인 낙이나 고가 즉각 나타나는 게 아니라, 마치 요리에서 음식을 익히는 데 시간이 오래 걸리듯이 시간이 흐른 후에 나타난다는 것을 비유한다. 선인락과(善因樂果) 악인고과(惡因苦果)의 인과응보.

만일 선업이나 악업의 과보가 그 업을 짓자마자 즉각 나타난다면 악행을 하는 사람은 아무도 없고 모두 선업만 지으며 살아가려 한 것이다. 그러나 나의 마음 속에 하나, 둘 저장되었던 업의 씨앗들이 같은 업의 반복으로 인해서 충분히 무르익은 후 나타나기에, 사람들은 악업으로 인한 미래의 불행을 예측하지 못하고, 간혹 악행을 하며 살아가는 것이다. 그러나 "꼬리가 길면 밟힌다." 악행의 꼬리를 거둘 일이다.

🪷 콩 심은 데 콩 나고, 팥 심은 데 팥 난다

"콩 심은 데 콩 나고, 팥 심은 데 팥 난다." 인과응보의 원리에 대한 비유적 표현이다. 부처님의 가르침 가운데 재가자를 위해 가장 중요한 것이 인과응보의 교리일 것이다. 그런데 간혹 "착하게 살아야 좋은 일이 생기고 악한 행동을 하면 나쁜 일이 생긴다."고 인과응보를 설명하면서, 이를 한문숙어로 '선인선과(善因善果) 악인악과(惡因惡果)'라고 표현하는 분들이 있다. 그러나 이런 인과응보는 '선인락과(善因樂果) 악인고과(惡因苦果)'라고 말해야 옳다.

그런데 "좋은 행동을 하면 좋은 일이 생긴다."는 표현이 전혀 어색하지 않은 점에서 보듯이 우리말에서는 '좋은(good)'이나 '나쁜(bad)'이라는 형용사를, '하는 것'인 행위와 '받는 것'인 감수(感受) 모두에 대해서 사용한다. 영어에서도 마찬가지일 것이다. 한자의 선(善)이 '좋은'으로 번역 가능하기에 "좋은 행동을 하면 좋은 일이 생긴다."를 선인선과와 동일시하는 용어의 혼란이 발생했는지도 모른다.

"좋은 행동을 하면 좋은 일이 생긴다."거나 "착하게 살아야 좋은 일이 생기고, 악한 행동을 하면 나쁜 일이 생긴다."고 표현하는 인과는 '선인락과 악인고과'의 인과로, 좋은 행동인 선행과 나쁜 행동인 악행이, 각각 좋은 일인 낙의 감수와 나쁜 일인 고의 감수로 다르게 익어서 나타나는, '이숙인(異熟因)-이숙과(異熟果)'의 인과응보다.

모든 법은 그 성격에 따라 선성, 악성, 무기성(無記性)의 세 종류로 구분된다. 선성도 악성도 아닌 것이 무기성이다. 선이나 악은 행하는 것이고, 고와 낙은 느끼는 것으로 그 질이 전혀 다르다. 예를 들어 몸에 상처가 나서 오는 고통은 선하거나 악한 것일 수 없다. 또 추울 때 따스한 방의 포근한 안락 역시 선한 것이거나 악한 것일 수 없다. 이렇게 고통이나 안락과 같은 법이 무기성의 법이다. 따라서 '선인락과 악인고과'에서, 원인과 결과는 '다르게 익음(이숙, 異熟)'을 의미하는 '이숙인-이숙과'의 관계인 것이다.

이와 달리 '선인선과 악인악과'의 인과는 "착하게 사는 사람은 내생에도 그 성향이 계속 착하고, 악하게 사는 사람은 내생에도 그 성향이 계속 악하다."는 점을 의미한다. 이는 '동류인(同類因)

-등류과(等流果)'적인 인과의 일종이다. '동류인-등류과'란 "같은(동) 종류(류)의 원인(인)이 같은(등) 흐름(류)의 과보(과)를 낸다."는 뜻이다.

"콩 심은 데 콩 나고, 팥 심은 데 팥 난다."는 속담에서 '씨앗도 콩이지만 열매 역시 콩이라는 점'을 중시하면, 이는 '동류인-등류과'에 대한 비유다. 그러나 '콩을 씨앗으로 심었는데, 그 결과로서 콩싹이 나왔다."는 의미로 이해할 경우 이는 '이숙인-이숙과'에 대한 비유다.

6인 六因		5과 五果	
능작인 能作因 kāraṇa hetu	여력 與力	→	증상과 增上果 adhipati phala
	부장 不障		
구유인 俱有因 sahabhū hetu	호위과 互爲果	→	사용과 士用果 puruṣakāra phala
	동일과 同一果		
상응인 相應因 saṃprayuktaka hetu			
동류인 同類因 sabhāga hetu		→	등류과 等流果 niṣyanda phala
변행인 遍行因 sarvatraga hetu			
이숙인 異熟因 vipāka hetu		→	이숙과 異熟果 vipāka phala
			이계과 離繫果 visaṃyoga phala

부처님 가르침의 핵심은 연기법(緣起法)에 있다. 연기란 '의존적 발생'이라고 풀이할 수 있다. 아비달마 교학에서는 연기에 대해 설명하면서 원인을 여섯으로 결과를 다섯 가지로 구분하는데 이를 육인오과설(六因五果說)이라고 부른다. '이숙인-이숙과'나 '동류인-등류과'의 이론 모두 육인오과설에서 유래한다. "콩 심은 데 콩 나고, 팥 심은 데 팥 난다."는 속담과 같이 두루뭉술하게 알던 인과응보와 연기의 법칙을, 우리는 이런 아비달마 교학을 통해 보다 정밀하게 이해하게 된다.

🪷 호랑이도 제 말하면 온다.

"호랑이도 제 말하면 온다." 누군가와 얘기할 때 그 자리에 없는 사람에 대해 험담을 해서는 안 된다는 교훈을 담은 속담이다. 언젠가 그 사람에게 그 말이 전해져서 마치 호난(虎難)을 당하듯이 내가 화를 입을 수 있기 때문이다. 그런데 우리는 어떤 사람을 화제로 삼아서 얘기할 때, 실제로 그 사람이 나타나는 일을 가끔 경험하기도 한다. 그 때 우리는 "호랑이도 제 말하면 온다더니…"라고 농담을 건네면서 그를 반긴다.

통계를 내어 확률을 비교해보진 않았지만, 이런 일이 그냥 우연만은 아닌 것 같다. 우연이라고 보기에는 이런 일의 빈도가 너무나 잦기에 속담이 되었을 것이다. 만일 이런 일이 우연이 아니라면, 그 사람이 자신을 화제로 삼아서 얘기하는 것을 감지하고서 우리를 찾아왔든지, 아니면 우리가 이 얘기 저 얘기 나누다가 그 사람이 오는 것을 감지하고서 자연스럽게 그 사람을 화제로 삼게 되었든지, 둘 중 하나일 것이다.

≪화엄경≫의 가르침을 7언 30구의 시로 요약한 의상대사의 ≪법성게≫ 가운데 '일미진중함시방(一微塵中含十方)'이란 구절이 있다. 시방이란 동서남북의 사방(四方)과 그 사이에 낀 사유(四維)에 상하(上下)의 두 방향을 합한 열 방향을 의미한다. 즉, 시방이란 모든 방향의 공간이다. 따라서 일미진중함시방이란 "먼지 한 톨 속에 온 공간이 담겨있다."는 뜻이다. 이렇게 먼지 한 톨 속에 시방의 공간이 담길 수 있는 이유는, 이 세상 만물의 모습이 시방에 편재하기 때문이다.

예를 들어서 내 책상 위에 놓인 컵의 모습이 내 방안에 편재하기에, 내 방안의 어느 곳에서도 그 모습이 보인다. 즉, 내가 이 방안에서 어디에 있더라도, 그 모습이 내 눈동자에 뚫린 한 점 크기의 동공(瞳孔)으로 들어와 망막에 영상으로 맺히는 것이다.

컵뿐만 아니라 이 방안에 있는 모든 사물의 모습이 그렇다. 모습
뿐만 아니라 이 방안에서 발생하는 모든 소리는 내 귀에 뚫린 작
은 귓구멍으로 들어온다. 또 이 방안의 갖가지 사물이 뿜어내는
갖가지 냄새는 모두 내 콧구멍으로 들어온다. 안이비설신의(眼
耳鼻舌身意)의 육근(六根) 가운데 눈, 귀, 코의 대상인 형상(색)
과 소리(성)와 냄새(향)는 발생과 동시에 시방에 편재한다. 색성
향미촉법(色聲香味觸法)의 육경 가운데 생각(법) 역시 편재할
수 있다. 우리의 생각은 뇌신경을 흐르는 전기의 흐름과 함께하
는데, 전기의 흐름은 전자파를 방사하기 때문이다. 그래서 한 톨
먼지 크기의 공간에 모든 형상, 소리, 냄새, 그리고 나의 생각까
지 담길 수 있다.

조계종 초대 종정을 지내셨던
한암(漢巖, 1876-1951)스님의
천이통(天耳通)과 관련된 전설이
있다. 한암스님께서 주석하셨던
상원사 아래 마을에서 소가 새끼
를 낳았는데, 사람들이 "송아지가
한암스님 닮았다."고 농을 하였다
고 한다. 상원사에 계셨던 스님께

한암스님 존영

서는 이를 아시고 빙긋이 웃으시면서 이를 시자에게 말씀하셨는데, 나중에 마을에 내려간 시자가 이를 확인하였고 스님의 법력에 모두들 놀라워했다고 한다. '일미진중함시방'의 가르침에서 보듯이 이 세상에서 일어나는 모든 일의 정보가 시방에 편재하기에 가능한 일이리라. 이런 일화에 근거할 때, '호랑이도 제 말하면 오는 것'이라기보다. 호랑이가 이곳으로 오니까, 무의식에서 이를 감지하고서 은연중에 호랑이를 화제로 삼게 되는 것이리라.

🪷 독 안에 든 쥐

"독 안에 든 쥐." 쥐가 독 속에 빠지면 도저히 나올 수가 없기에 결국 잡히고 만다. 궁지에서 벗어날 수 없는 상황을 이르는 속담이다. 불교의 선가(禪家)에도 이와 유사한 가르침이 있다. '쇠뿔 속에 들어간 쥐'의 비유다.

서산대사(西山大師,)의 『선가귀감(禪家龜鑑)』에서는 간화선(看話禪) 수행에서 화두를 드는 법에 대해 다음과 같이 가르친다. "화두가 일어난 곳에서 알아맞추려고 해도 안 되고, 생각으로

그 의미를 추측하려고 해도 안 되며, 미혹한 채로 깨달음을 기다려서도 안 된다. 생각할 수 없는 곳으로 나아가 생각하다가 마음이 더 이상 갈 곳이 없어서 마치 늙은 쥐가 쇠뿔 속에 들어간 듯이 하면 문득 '전도된 생각의 끊어짐'을 볼 것이다." 화두의 의미를 '알아맞춘다'든지 '추측한다'는 것은 속된 말로 '머리를 굴린다'는 뜻인데, 머리를 굴리게 되면 반드시 흑백논리의 이분법에 빠지고 만다. 따라서 화두를 들 때는 쇠뿔 속에 들어간 쥐가 옴짝달싹 못하듯이, 간화선 수행자의 생각에서 흑백논리가 작동해서는 안 된다는 가르침이다.

흑백논리를 불전에서는 이변(二邊)이라고 부른다. 이변이란 양극단의 사고방식이라는 의미로 어떤 사태에 대해서 이어졌다거나 끊어졌다고 보는 상견(常見)과 단견(斷見), 같다거나 다르다고 보는 일견(一見)과 이견(異見) 등이다.

비근한 예를 들어서 어떤 촛불을 다른 초에 옮겨 붙일 때, 앞의 촛불이 뒤의 촛불로 그대로 이어진 것이 아니다. 뒤의 촛불은 새로운 초를 녹여서 타오르는 것이기 때문이다. 그렇다고 해서 앞과 뒤의 촛불의 관계가 완전히 끊어진 것도 아니다. 앞의 촛불이 없었다면 뒤의 촛불은 있을 수 없기 때문이다. 즉 앞의 촛불과 뒤의 촛불의 관계는 불상부단(不常不斷)이다. 다른 각도에서 보면 앞과 뒤의 촛불이 완전히 같은 것도 아니고 전혀 다른 것도 아니기에 불일불이(不一不異)이기도 하다. 불상부단, 불일불이 등의 통찰을 중도(中道)라고 부른다. 초전법륜 시 부처님의 중도 법문에서 시작하여 현대 한국의 간화선 수행에 이르기까지 수미일관하게 계승되는 불교적 통찰이다. 불교적이랄 것도 없다. 모든 존재의 참모습, 제법의 실상이다.

　물론 상견과 단견, 일견과 이견 등의 흑백논리적 사유가 전혀 쓸모 없는 것은 아니다. 오히려 우리 인간의 생존을 위해 필수불가결한 요소로 생명체의 진화과정에서 인간의 유전자에 각인된 사유의 속성이다. 어제 우리 마을에 내려와서 사람을 물어간 호랑이가 오늘 다시 내려왔을 때, 그 두 놈이 같은 놈이라는 상견(常見)과 일견(一見)이 있어야 도망치거나 숨어서 목숨을 유지할 수 있다. 흑백논리적으로 작동하는 언어와 생각은 생존의 도구인 것이다. 그런데 이런 언어와 생각으로 삶과 죽음, 인생과 세계 등 철학적 종교적 문제에 대해 고민을 시작할 때, 문제가 발생한다. 불교에서는 이들 고민에 대해 다시 언어와 생각으로 해답을 제시하는 것이 아니라, 그런 언어와 생각의 허구성을 자각하여 고민에서 벗어나게 한다. 초기불전에서는 제행무상(諸行無常)이고, 제법무아(諸法無我)이고, 일체개고(一切皆苦)인 현상을 통찰하게 함으로써 분별적 사유의 허구성을 자각하게 하고, 간화선에서는 화두를 듦으로써 흑백논리적 사유를 타파한다. 간화선 수행자의 생각이 쇠뿔 속에 들어간 쥐처럼 옴짝달싹 못 할 때, 우리의 생각은 중도의 궁지와 만난다. '독 안에 든 쥐'와 같은 생각의 끝장이다.

🪷 아니 땐 굴뚝에 연기 날까?

"아니 땐 굴뚝에 연기 날까?" 원인이 없으면 결과가 없다는 점을 비유하는 속담이다. 또는 어떤 소문이 돌 때, 그런 소문이 있게끔 한 일이 전혀 없지는 않았을 것이라는 추정을 은유하기도 한다. 아궁이에서 불을 때면 굴뚝에서 연기가 모락모락 나온다. 거꾸로 어느 집의 굴뚝에서 연기가 나오는 것을 보면 그 집 아궁이에서 불을 피우고 있다는 점을 알 수 있다. 그래서 연기는 불과 필연적 수반관계를 갖는다.

"아니 땐 굴뚝에 연기 날까?" 우리나라의 전통 속담이긴 하지만, 불교의 인명학 문헌에 가장 빈번히 등장하는 추론적 사유 가운데

하나다.

불교교학의 하위 연구분야로 초기불교, 아비달마교학, 중관학, 유식학, 밀교학, 정토학, 화엄학, 선학 등을 들 수 있는데, 이에 덧붙여 인명학(因明學)이란 분야가 있다. 인명학을 문자 그대로 풀면 '원인을 밝히는 학문'이라는 뜻이 된다. 그런데 여기서 말하는 '원인'이란 '우리에게 어떤 앎이 일어나게 하는 원인'으로 요인(了因)이라고 부른다. 요인에 대응하는 원인으로 작인(作因)이란 게 있다. 예를 들어서 먼 산에 불이 나서 연기가 피어오를 때, 불은 연기의 작인이 되고, 연기는 불의 요인이 된다. 요인이 인식론적 원인이라면 작인은 존재론적 원인이다.

인명학에서는 우리가 앎을 얻는 수단을 현량(現量)과 비량(比量)의 두 가지로 구분한다. 현량은 감각과 같은 직접지각, 비량은 사유를 통해 얻는 추리에 해당한다. 인명학은 이렇게 지각론과 추리론을 겸한 학문인데, 서양철학과 비교할 때, 전자는 인식론, 후자는 논리학에 해당하기에 인명학을 '불교인식논리학'이라고 부를 수 있다.

인명학을 체계화 한 인물은 디그나가(Dignāga, 480-540년경) 스님이었다. 동아시아에서는 디그나가를 한자로 진나(陳那)라고 음사했다. 디그나가 스님은 전통적인 인도논리학을 불교의 무아설과 연기(緣起)설, 그리고 공사상에 부합하도록 개작하여 불교적 인식논리학인 인명학을 창시하였다.

"아니 땐 굴뚝에 연기(煙氣) 날까?" 인명학 문헌에서는 "(아궁이에서) 불을 때면 (굴뚝에서) 연기가 난다."는 점, 즉 연기와 불의 필연적 수반관계에 근거하여 다음과 같은 추론식을 작성하였다. '주장(宗, 종): 저 산에 불이 있다. 이유(因, 인): 연기가 있기 때문에. 실례(喩, 유): 마치 아궁이와 같이.' 그런데 이런 추론식이 타당하기 위해서는 여기서 이유 또는 근거로 사용한 '연기'가 반드시 다음과 같은 세 가지 조건을 갖추어야 한다. 첫째, 주장명제에서 거론한 '저 산'에 그 연기가 있어야 하고, 둘째, 그 어디든 불이 있는 곳에서 연기가 난 적이 있어야 하며, 셋째, 그 어디든 불이 없는 곳에는 결코 연기가 없어야 한다. 인명학에서는 이를 '타당한 추론이 되기 위해서 이유가 갖추어야 할 세 가지 조건'이라는 의미에서 '인(因)의 삼상(三相)'이라고 부르면서, 차례대로 변시종법성(遍是宗法性), 동품정유성(同品定有性), 이품변무성(異品遍無性)이라고 명명하였다.

부처님의 가르침이 논리학의 장비를 갖추면서, 불교교학은 더욱 풍요로워졌고, 포교의 설득력은 더욱 강력해졌으며, 논리로 무장한 외도를 제압할 수 있었다. 과학주의와 합리성이 지배하는

현대사회에서 불교를 전하기 위해서 불교적 인식논리학인 인명
학의 부흥이 시급하다. "아니 땐 굴뚝에 연기 날까?"라는 속담을
보면서 떠오른 단상(斷想)이다.

🪷 두 손뼉이 맞아야 소리가 난다

"두 손뼉이 맞아야 소리가 난다." 무슨 일이든 뜻을 함께 해야 일이 이루어진다는 의미이기도 하고, 두 사람 사이에 갈등이 생겼을 때 어느 한 쪽의 책임일 수만은 없다는 뜻이기도 하다. 그런데 부처님의 가르침 가운데 십팔계(十八界)의 가르침을 이해하고자 할 때 이 속담의 교훈이 유용하다.

인도종교 가운데 불교의 특징은 '고, 집, 멸, 도'의 사성제에 있다. 이 가운데 고성제(苦聖諦)에 대한 통찰은 다시 무상(無常), 고(苦), 공(空), 무아(無我)의 네 가지 통찰로 나누어지는데 이를 사념처라고 부른다. '모든 것'은 무상하며, 고이며, 공하고, 무아이다. 그런데 불전에서는 여기서 말하는 모든 것, 즉 일체법을 다양한 방식으로 분류한다. 색, 수, 상, 행, 식의 다섯으로 분류하면 오온설(五蘊說)이 되고, '안이비설신의(眼耳鼻舌身意)'의 여섯 가지 지각기관에 그 대상인 '색성향미촉법(色聲香味觸法)'의 여섯 경계를 합하여 열둘로 구분하면 십이처설(十二處說)이 되며, 이를 더 세분하여 안계(眼界), 색계(色界), 안식계(眼識界) … 의계(意界), 법계(法界), 의식계(意識界)의 열 여덟로 구분하면 십팔계설(十八界설)이 된다.

　이렇게 일체법을 오온, 십이처, 십팔계의 세 가지 방식으로 분류하는 것을 삼과(三科)라고 부른다. '세 가지 과목'이라는 뜻이다. 이 가운데 오온설은 상근기(上根機)를 위한 가르침이고, 십이처설은 중근기, 십팔계설은 하근기를 위한 가르침이라고 한다. 부처님께서 이렇게 삼과의 가르침을 베푸신 이유는 일체의 법이 무상, 고, 공, 무아라는 점을 낱낱이 통찰하도록 하기 위함이었다. 아비달마교학에서는 삼과에 대한 기초적 통찰을 계분별관(界分別觀)이라고 부른다.

　오온 가운데 물질인 색은 무상하고 고이며 공하고 무아이며, 수상행식 역시 이와 마찬가지라는 점을 철견할 때 오온에 대한 집착이 사라진다. 오온 가운데 영원히 안주할 곳이 없음을 알게 되기에 오온 낱낱을 다 내려놓는다. 자신의 몸(색)에 대해서도 집착하지 않고 마음(수, 상, 행, 식)의 어떤 상태도 추구하지 않는다. 일상에서든 수행을 통해서든 체험하는 그 어느 것에도 마음을 두지 않을 때 진정한 평안이 온다. 열반이다.

　오온의 경우 색은 물질, 수는 고락의 느낌, 상은 분별적 생각, 행은 의지나 감성, 식은 마음이라고 풀이할 수 있지만, 실제로 오온 낱낱이 무엇을 의미하는지 이해하기 쉽지 않다. 그러나 십팔계설의 경우 누구나 알고 있는 '안이비설신의'의 여섯 가지 지각기관에 맞추어 일체법을 분류했기에 그 낱낱의 정체가 쉽게 파악되며, 십팔계 낱낱이 무상(無常)하고 고(苦)이며 공(空)하고 무아(無我)라는 점 역시 이해하기 어렵지 않다.

"두 손뼉이 맞아야 소리가 난다." 두 손바닥이 마주칠 때 '짝!' 하는 박수소리가 나듯이, 십팔계 가운데 안계인 눈과 색계인 시각대상이 만나면 시각적 앎인 안식계가 발생하고, 이계인 귀와 성계인 소리가 만나면 소리에 대한 앎인 이식계가 발생하며 … '의계인 앞 찰나의 생각'과 '법경인 현 찰나의 지각'이 만나서 '현

찰나의 앎인 의식계'가 발생한다. 왼손과 오른손을 마주치면 제3
의 박수 소리가 나듯이 여섯 지각기관(내육계, 內六界)과 여섯
지각대상(외육계, 外六界)이 만나면 낱낱에 해당하는 앎(인식,
육식계, 六識界)이 발생한다. "두 손뼉이 맞아야 소리가 난다."는
속담을 떠올릴 때 십팔계에 대한 이해가 쉬워진다.

지각기관	내육계(內六界)	+	지각대상	외육계(外六界)	=	육식계(六識界)
눈	① 안계(眼根)	+	형상	⑦ 색계(色境)	=	⑬ 안식계
귀	② 이계(耳根)	+	소리	⑧ 성계(聲境)	=	⑭ 이식계
코	③ 비계(鼻根)	+	냄새	⑨ 향계(香境)	=	⑮ 비식계
혀	④ 설계(舌根)	+	맛	⑩ 미계(味境)	=	⑯ 설식계
몸	⑤ 신계(身根)	+	촉감	⑪ 촉계(觸境)	=	⑰ 신식계
생각토대	⑥ 의계(意根)	+	생각내용	⑫ 법계(法境)	=	⑱ 의식계

십팔계

🪷 10년이면 강산이 변한다

"10년이면 강산이 변한다." 요지부동할 것 같았던 강과 산의 모습이지만 10년 세월이 지나면 그 모습이 변한다. 부처님 가르침의 핵심인 제행무상(諸行無常)의 한 단면이다. 제행무상. "모든 행들은 무상하다."는 뜻이다. 여기서 말하는 '행(行)'은 범어 상스까라(saṃskāra)의 번역어다. '삼(sam)'은 '함께'를 뜻하고, '까라(kāra)'는 '짓다, 만들다'를 의미하는 어근 'kṛ'에서 비롯된 명사이기에, 제행무상은 "(조건이) 함께 (모여서) 만들어진 것들은 무상하다."고 풀이할 수 있다. 여러 조건들이 모여서 만들어진 모든 것들은 그런 조건들 가운데 어느 하나라도 결여되면 변하거나 사라진다.

예를 들어서 내 목소리의 경우 '허파, 바람, 성대, 혀, 치아, 입술' 등의 조건들이 함께 힘을 합하여 만들어낸 것이고 공기를 통해 남의 귀로 전달되면 내 목소리가 들리게 된다. 허파, 바람, 성대, 혀, 치아, 입술, 공기, 귀 … 가운데 어느 하나만 결여되어도 내 목소리가 발생할 수 없다. 이렇게 내 목소리는 '여러 조건이 함께 모여서 만들어진 행(行)들' 가운데 하나다. 조건에 의존한 발생을 연기(緣起)라고 말한다. 따라서 제행무상은 "연기한 모든 것은 무상하다."는 뜻이기도 하다.

서울 청계천의 옛 모습과 현재

후대의 아비달마교학에서는 제행무상을 "모든 유위법은 생주이멸(生住異滅) 한다."고 표현하였다. '유위법(有爲法)'의 범어 원어는 상스끄리따(saṃskṛta)로 '행'을 의미하는 상스까라와 마찬가지로 '조건이 모여서 만들어진 것'을 의미한다. '생주이멸'은 '무상'에 대한 구체적인 표현으로 발생했다가(생), 머물렀다가(주), 변이했다가(이), 사라진다(멸)는 뜻이다. 허공을 제외한 모든 사물이 유위법이다. 허공은 무위법으로 상주하지만, 10년이면 강산이 변한다고 하듯이, 유위법인 모든 사물은 생주이멸 한다.

모든 것은 무상하다. 모든 사물이 생주이멸 하듯이, 모든 생명
체는 생로병사 한다. 탄생했다가, 늙어가다가, 병 들었다가, 사망
한다. 온 우주 역시 무상하다. 불전에서는 우주의 무상함을 성주
괴공(成住壞空)이라고 표현하였다. 성립했다가(성), 지속하다가
(주), 무너지다가(괴), 텅 빈다(공)는 뜻이다. 이런 네 단계의 과
정을 각각에서 20겁의 세월이 소요되기에 온 우주가 한 번 성립
되었다가 텅 비기까지 총 80겁이 걸린다고 한다. 여기서 20겁을
중겁(中劫), 80겁을 대겁(大劫)이라고 부른다. 소겁(小劫)은 1겁
이다. 우주가 성립되었다가 무너지는 성주괴공의 주기는 시작도
끝도 없이 무한히 되풀이 된다.

10년이면 강산이 변한다고 하지만, 사실은 춘하추동으로 순환
하는 계절이 무상하고, 밤과 낮이 바뀌는 하루가 무상하고, 들숨
과 날숨을 되풀이 하는 호흡이 무상하다. 더 미세하게는 매 찰나
요동하는 한 점 의식의 흐름이 무상하다. 제행무상. 거시적으로
는 온 우주가 무상하고, 미시적으로는 한 점 의식의 흐름이 무상
하다.

종교체험 역시 마찬가지다. 그 어떤 종교체험이라고 하더라도
연기(緣起)한 것이기에 결국 사라지고 만다. 10년 후에 변할 강
산에는 집을 짓지 않듯이, 그 어떤 종교체험에도 미련을 두지 않

고, 그 어떤 종교체험도 그것이 영원하리라 기대하지 않는다. 이런 무상의 자각이 철저할 때, 나의 몸과 마음에서 일어나는 그 어떤 현상도 추구하지 않는다. 모든 종교체험에서 손을 놓게 된다. 불교수행의 종착점인 열반이다. 진정한 평안이다.

🪷 쇠귀에 경 읽기

"쇠귀에 경 읽기" 우이독경(牛耳讀經)이라고도 쓰지만, 동아
시아의 대륙문화와 무관한 순수한 우리 속담이다. "아무리 가르
치고 일러 주어도 알아듣지 못한다."는 점을 뜻한다.

빠알리 불전의 잡부 니까야에
속하는 ≪담마빠다(법구경)≫에
도 이와 유사한 교훈을 담은 가르
침을 찾을 수 있다. "어리석은 자
가 일생동안 지혜로운 이를 섬긴
다고 하더라도 그는 진리를 깨닫
지 못한다. 숟가락이 국의 맛을 알지 못하듯."(김서리 역) "숟가
락이 국 맛을 모른다." 참으로 멋진 비유다. 불교에 오래 몸을
담고 있었지만, 부처님의 가르침이 전혀 체화되지 않은 사람은
'국 맛을 모르는 숟가락'과 같으리라. 또는 부처님의 가르침을 실
천하지 않는 사람은 독경 소리를 듣고도 그 의미를 모르는 '소'와
다름없으리라. 불법승 삼보에 대한 믿음 없이 불전을 들척이는
사람 역시 이와 같으리라.

『대품반야경』에 대한 용수보살의 주석서인『대지도론』에서는 믿음 없이 불교를 연구하는 것이 헛수고라는 점에 대해 다음과 같이 비유로써 설명한다. "어떤 사람이 손이 온전한 채로 보배가 가득한 산에 들어가면 자유롭게 보배를 가져올 수 있다. … 불교에 대한 믿음 없다는 것은 손이 없는 것과 마찬가지다. 손이 없이 보배가 가득한 산에 들어간다면 단 하나의 보배도 가져올 수 없다. 믿음이 없는 것도 이와 같아서 부처님 가르침의 보배산에 들어간다고 해도 전혀 소득이 없다."

불교에 대한 믿음이 없는 사람에게 불전은 그저 교양서적일 뿐이리라. 또는 불교에 대한 믿음 없이 불교를 연구하는 사람에게 불전은 그저 인문학적 분석의 소재일 뿐, 자신의 삶과 통찰에 긍정적인 변화를 주지 못하리라. 마치 손이 없이 보배산에 들어가 듯이.

『대지도론』에서는 이런 보배산의 비유에 이어서 다음과 같은 부처님의 말씀을 인용한다. "만일 어떤 사람이 믿음을 갖는다면, 이 사람은 능히 나의 큰 가르침의 바다에 들어와서 사문과(沙門果)를 얻게 되니 삭발염의(削髮染衣)한 것이 헛되지 않으리라. 그러나 만일 믿음이 없다면 그 사람은 내가 가르친 진리의 바다에 들어올 수가 없으니, 이는 마치 고목에서 꽃이 피지 못하고 열매가 맺지 못하는 것과 같아서 비록 삭발염의하고서 온갖 불전을 독송해도 전혀 소득이 없느니라."

팔만대장경 가운데 가장 논리적인 불전을 꼽으라면 용수보살의 『중론』이 단연 으뜸이 될 것이다. 『중론』은 총 27장으로 이루어져 있는데, 첫 장인 제1 관인연품 서두와 마지막 장인 제27 관사견품의 말미를 다음과 같은 '믿음의 게송'으로 장식한다. "불생불멸(不生不滅)이고, 불상부단(不常不斷)이며, 불일불이(不一不異)이고, 불래불거(不來不去)이며, 온갖 희론(戲論)을 제거해 주고, 상서로운 연기법을 가르치신 부처님, 최고의 설법자이신 그분께 예배드립니다."(제1장 서두의 귀경게) "대성왕(大聖王) 고따마께서 연민의 마음에서 이 법을 설하셔서 모든 견해를 다

끊어 주셨기에 저는 이제 머리 조아려 예배드립니다."(제27장 말미)

　『중론』에서 아무리 현란한 논리를 구사하여 모든 현상의 공성을 논증해도, 불교에 대한 믿음을 갖는 사람에 한해 도움을 받을 수 있다. 믿음이 없는 자에게는 불전은 그저 인문학적 교양서가 될 뿐이다. 쇠귀에 읽어주는 경과 같고, 숟가락에 대한 국과 같고, 손이 없는 사람이 둘러보는 보배산과 같을 뿐이다.

🪷 선무당이 사람 잡는다

"선무당이 사람 잡는다" 선무당에서 '선'이라는 접두사는 설익다의 '설'이나 '섣부르다'의 '섣'과 같이 서투르거나 미숙함을 의미한다. 근대화 이전에 무당의 역할은 종합적이었다. 질병치료는 물론이고, 자손의 출산, 부부관계, 재산 문제, 가정불화 등 그야말로 '모든 문제 해결사'였다. 우연이겠지만, 집안에 액운이 닥쳤을 때 무당을 불러서 굿이나 푸닥거리 이벤트를 벌인 이후에 의뢰인의 욕망이 성취되고 액운이 제거되는 경우도 간혹 있었으리라. 현대의학에서도 환자에게 위약(僞藥, Placebo)을 투여할 경우 30% 정도에서 병세의 호전이 보인다고 하니, 무당의 굿거리를 허무맹랑한 사기극이라고 볼 수만은 없으리라. 질병이나 가세의 몰락 등 액운이 닥쳤을 때, 지푸라기라도 잡고 싶은 심정이었을 민초들에게 무당은 일종의 심리상담사였다.

능숙하고 지혜로운 무당은 신뢰를 주는 말솜씨와 진지한 굿거리 이벤트를 통해 의뢰인에게 위안을 주고 자신감을 갖게 해 주었으리라. 그러나 내림굿을 받은 지 얼마 되지 않은 설익은 무당, 즉 선무당의 경우 서투른 언변이나 굿거리로 인해서 의뢰인을 더욱 낙담시키고 결국 우환이 더 깊어지게 만들 수 있다. 그야말로 "선무당이 사람 잡는다."

'신윤복, 쌍검대무'에서 - 간송미술관

대승불교의 아버지라고 불리는 용수보살의 『중론』에서 우리는 "선무당이 사람 잡는다."는 바로 이런 속담에 부합하는 문구를 발견할 수 있다. 제24장 관사제품의 게송으로 구마라습의 한역문을 번역하면 다음과 같다. "공(空)을 올바로 관찰할 수 없어서 근기가 우둔한 사람은 스스로를 해친다. 잘못된 주술이나 잘못 잡은 독사와 같이." 여기서 말하는 '주술(呪術)'의 범어 원어는 위드야(vidyā)다. 위드야는 지식이나 지혜를 의미하기도 하지만, 이 게송에서는 주문이나 마법을 뜻한다.

집안에 우환이 생기면 우리나라에서는 무당을 불러서 굿거리

를 했듯이, 옛날 인도인들은 주문을 외거나 마법을 써서 우환을
제거하고자 했다. 그러나 "선무당이 사람 잡는다."고 하듯이 주
문이나 마법을 잘못 쓰면 오히려 우환이 깊어진다. 독사를 잡으
려면 엄지와 검지에 힘을 주어서 독사의 목을 움켜쥐어야 한다.
독사의 허리를 잡을 경우 독사는 목을 돌려서 내 팔을 물게 되고,
그 독이 내 몸에 퍼진다.

   우리가 반야경의 공(空)사상을 잘못 이해할 경우, 주문을 잘못
외거나 독사를 잘못 잡듯이, 또 선무당이 사람 잡듯이 오히려 내
가 큰 해를 입게 된다. 후대의 유식불교에서 말하던 악취공(惡取

空)적 이해다. 악취공이란 '공을 잘못 파악함'이란 뜻이다. 공이란 "세상만사 낱낱에 실체가 있다."는 우리의 잘못된 생각을 씻어주는 비누와 같은 것인데, 그런 공을 다시 실체시하여 자신의 이념, 사상, 견해로 삼는 것이 악취공이다. 그 증상은 가치판단 상실상태에 빠져서 막행막식 하는 것이다.

『중론』제13장 관행품에서는 공에 대한 오해의 위험성에 대해서 다음과 같이 경고한다. "공성(空性)이란 일체의 견해에서 벗어나는 것이라고 부처님들께서 가르치셨다. 그러나 공성의 견해를 가진 사람들은 구제불능이라고 말씀하셨다." 세상만사에 실체가 있다는 분별을 공성의 비누로 세척했으면, 공성의 비눗기 역시 헹궈내야 한다. 이런 통찰을 공공(空空) 또는 공역부공(空亦復空)이라고 한다. "공도 역시 공하다."는 뜻이다. 공을 이해하고자 할 때에 선무당이 되지 말지어다.

🌸 사돈 남 말한다

"사돈 남 말한다." 자기의 허물은 놔두고 남의 잘못을 지적하는 사람을 비판하는 말이다. 우리는 살아가면서 이렇게 사돈 남 말하는 자가당착의 상황을 너무나 많이 접한다. 주말에 서울 외곽으로 여행을 갖다가, 귀경할 때 차들이 몰려서 길이 막힌다. 그 때 짜증을 내면서 "집에나 있지 무슨 구경하려고 다들 나오나?"라고 지껄인다. 그러나 자기도 사실은 그렇게 교통체증을 일으킨 장본인이다. 사돈 남 말하듯 하다. 자기만은 교통체증의 원인이 아니라고 하면, 이는 사실과 다른 주장이다.

이렇게 사돈 남 말 하는 듯한 상황을 패러독스(Paradox)라고 부른다. 우리말로 역설(逆說)이라고 번역하는 패러독스을 재조명함으로써 서양 수학사에 일대전환이 일어났다. 1910년 서양철학자 러셀과 화이트헤드는 엄청난 학문작업을 기획하였다. 수학의

버트런드 러셀(1872-1970)

원리 전체를 논리학과 집합론의 기호로 대체하는 작업이었다. 그러던 중 집합론에서 패러독스적 상황을 만나서 전체 작업이 난국에 빠졌다.

러셀이 제기한 패러독스적 상황은 다음과 같다. "자기 자신을 원소로 하는 집합을 보통집합이라고 부르고, 자기 자신이 원소가 아닌 집합을 특수집합이라고 명명할 경우, 보통집합 전체의 집합은 보통집합인가, 특수집합인가?" 그런데 보통집합 전체의 집합이 보통집합이라면, 그 자신의 원소에 포함되기에 특수집합이 되어야 하고, 보통집합 전체의 집합이 특수집합이라면, 그 자신의 원소에 포함되지 않기에 보통집합이 되어야 한다. 요컨대 보통집합이라면 특수집합이 되고, 특수집합이라면 보통집합이 되는, 이럴 수도 없고 저럴 수도 없는 역설적 상황에 빠지고 만다. 결국 러셀은 계형이론이라는 자의적 해결을 통해 이런 난국을 덮어버리고, 세 권으로 이루어진 방대한 ≪수학의 원리≫ 저술을 완성하였지만, 이로 인해 수학의 한계가 드러나게 된다. 합리적 사유의 정수인 수학에 문제가 있다는 것은 합리성 자체에 결함이 있다는 것을 의미한다.

불교사상사에서 이런 패러독스적 논법을 통해 합리적 사유의 문제점을 드러냄으로써 대승불교의 지평을 연 사상이 있다. 기원

후 200년 경 용수보살께서 창안하신 중관학(中觀學)이다. 반
(反)논리학이라고 명명할 수 있는 중관학에서는 심지어 "비가 내
린다."와 같은 가장 단순한 판단조차 논리적 오류를 범한다는 점
을 드러낸다. '비'라고 할 경우 이미 내리고 있는 것이기에 그것
에 다시 '내린다.'는 서술어를 붙일 경우 '내리는 비가 다시 내리
는 꼴'이 되어 의미중복의 오류에 빠진다. 그렇다고 해서 내리지
않는 비가 어딘가에 있어서 그것이 내린다고 생각할 경우, '내리
지 않는 비'는 이 세상 그 어디에도 없기에 사실위배의 오류에
빠진다. '내리는 비'도 내릴 수 없고, '내리지 않는 비'도 내릴 수
없다. 창밖의 강우현상에 대해 이렇게 규정할 수도 없고, 저렇게
규정할 수도 없다. 역설적 상황이다.

부메랑

사돈이 자신의 행동을 돌아보지 않고 남만 비판하는 역설적 상황에서, 사돈의 행동 역시 그의 말의 대상이 된다는 점'은 의미중복의 오류에 대응되고, 사돈의 행동만은 그 말의 대상이 아니라고 할 경우 사실위배의 오류에 빠진다. 럿셀이 발견했던 집합론의 패러독스, 중관학의 반논리적 논법, 그리고 "사돈 남 말한다."는 속담 모두 인간의 합리적 사유에 대한 비판이라는 점에서 그취지를 같이 한다.

🪷 언 발에 오줌 누기

"언 발에 오줌 누기." 사자성어로 동족방뇨(凍足放尿)라고 쓰기도 하지만, 순수한 우리 속담이다. '한때 도움이 될 뿐이고 효력이 바로 사라짐'을 의미한다.

문명의 이기(利器)가 넘쳐나는 이 시대에는 겨울이 아무리 춥다고 해도 발이 얼어서 동상에 걸리는 사람은 거의 없을 것이다. 두꺼운 양말에 방한화만 신어도 발이 얼 리가 없지만, 교통수단의 발달로 어느 누구도 발이 얼도록 길을 걸을 필요가 없다. 우리나라 사람들이 대부분 짚신을 신고서 살았던 근대 이전의 시대를 상상해 보아야 이 속담의 의미를 실감할 수 있다.

추운 겨울에 눈 덮인 산길을 걷는다. 지금의 양말에 해당하는 '발싸개'로 발을 칭칭 감고서 짚신을 신는다. 짚신은 연약한 발바닥과 거친 땅바닥 간의 마찰만 막아 줄 뿐, 물기까지 막지는 못한다. 추운 겨울에 눈길을 걷게 되면 짚신은 무용지물, 몇 걸음 못가서 발싸개는 축축해질 것이다. 발이 너무나 시리고 아프다. 그때 급한 마음에 발에 오줌을 누면 따뜻한 기운이 언 발을 녹이면서 통증이 사라진다. 그러나 잠시뿐이다. 다시 눈길을 걷게 되면 발싸개를 흥건히 적셨던 오줌이 얼면서 통증은 더욱 극심해진다. 혹여 동상이라도 걸리면 발가락을 절단하기도 한다. 언 발을 따뜻한 오줌으로 녹였다가 오히려 더 큰 화를 입을 수 있다.

"언 발에 오줌 누기." 일상 속의 속담이지만, 올바른 종교생활을 위해서 마음 깊이 새겨야 할 교훈이다. 사람들이 종교에 귀의하는 이유는 대개 삶이 힘들기 때문일 것이다. 고달픈 삶에서 위안을 얻고 싶기 때문일 것이다. 장성하여 부모와 결별하여 독립적으로 살아가야 하지만, 그 마음 속에는 어릴 때 부모에게 의지하던 심리의 원형(아키타입)이 그대로 남아있기에, 부모가 차지했던 마음 속 빈 공간에 가상의 절대자를 상정하여 '환상의 안정

감' 속에서 살아가는 것이리라. 몸에 병이 들었을 때에도 많은
사람들은 종교의 힘에 의지해서 어려움이 해결되기를 기원한다.
흔히 말하는 기복(祈福)적 종교행위의 일종이다. 특히 이웃종교
의 경우 그 교조의 일화 가운데 치병과 관계된 것이 많기에, '치
병'을 종교생활의 목표로 착각하는 사람들이 적지 않다. 이번 코
로나19 사태에서 보듯이, 냉혹한 현실 앞에서 종교가 무력하지
만, 물에 빠진 사람이 지푸라기라도 잡으려는 심정으로, 종교에
의지하여 질병의 치유를 희구하는 것이리라.

　그러나 종교행위를 통한 질병의 치료는 '언 발에 오줌 누기'와
같다. 기복을 통해 혹여 당장의 질병에서 벗어났다고 해도, 또다
시 질병과 늙음이 찾아오고, 결국 목숨을 마치게 된다. 탄생 이
후에 이어지는 노(老), 병(病), 사(死)의 필연이다. 질병의 치료를
희구했던 간절한 마음이, 오히려 삶에 대한 집착만 더욱 강화시
키기에, 늙음과 죽음이 더욱 두려워질 수도 있으리라. 언 발을
녹이기 위해 누었던 오줌으로 인해서 오히려 발에 동상이 걸리는
것과 같으리라.

　『보왕삼매론(寶王三昧論)』에서는 "몸에 병 없기를 바라지 말
라. 병이 없으면 탐욕이 생기기 쉬우나니, 병고로써 양약을 삼아
라."고 가르친다. 공자도 "아침에 도를 들으면, 저녁에 죽어도 좋

다(조문도 석사가의, 朝聞道 夕死可矣).”고 가르쳤다. 불교적으로 풀면, “깨달음을 얻으면 당장 죽어도 좋다.”는 뜻이다. 종교의 진정한 목표는 '질병의 치료'가 아니라 '삶과 죽음을 초월하는 깨달음'이라는 점을 명심하자.

🪷 가까운 길 마다하고 먼 길로 간다

"가까운 길 마다하고 먼 길로 간다." 편하고 빠른 방법이 있는데도 구태여 어렵고 힘든 방법을 택한다는 뜻이다. 효율성과 속도와 양(量)을 추구하는 4차산업문명의 이 시대에 비효율적이고, 느리며, 삶의 질(質)을 음미하며 살아가는 불교수행자들의 모습일 수도 있으리라.

《장자》 천지편에는 기계문명을 비판하는 다음과 같은 일화가 실려 있다: 자공(子貢)이 남쪽으로 가서 초(楚)나라를 여행하고 진(晉)나라로 돌아가는 길에 한음(漢陰)을 지나가면서 한 노인이 밭일 하는 것을 보았다. 땅에 구멍을 파서 우물에 들어가 항아리를 안고 나와 [밭에] 물을 붓는데 열심히 일은 하는데, 힘만 많이 들이고 나타나는 효과는 적었다. 자공은 다음과 같이 말했다. "이런 일에 기계가 있는데 하루에 일백 구획의 밭에 물을 댈 수 있습니다. 아주 적은 노력만 들여도 나타나는 효과가 큽니다. 노인장께서는 그렇게 하고 싶지 않으십니까?" 밭일 하던 사람은 고개를 들어 그를 쳐다보면서 다음과 같이 말했다. "[그게] 어떤 겁니까?" 자공은 말했다. "나무를 움푹 파서 만든 기계로

도록뒤쪽이 무겁고 앞쪽은 가벼운데 손으로 뜨듯이 물을 퍼내기에 몇 번만 해도 [밭에] 물이 넘칠 듯이 출렁거리게 됩니다. 그 이름은 방아두레박입니다." 밭일 하던 사람은 화가 나서 [얼굴빛을] 붉혔지만 웃으면서 말했다. "나는 [다음과 같은 가르침을] 내 스승에게서 들었습니다. '기계를 소유한 사람은 반드시 기계로 일을 하게 되고 기계로 일을 하는 사람은 반드시 기계와 같은 마음을 갖게 된다. 기계와 같은 마음이 가슴 속에 존재하면 순수함을 유지하지 못하고, 순수함을 유지하지 못하면 영혼에 불안이 생기고 영혼에 불안이 생긴 사람에게 도(道)는 실리지 못한다.' 내가 모르는 바 아니지만 부끄러워서 사용하지 않는 것입니다." 자공은 눈을 지그시 감고 부끄러워하였으며 고개를 숙이고 더이상 대꾸하지 못하였다.

　태국, 미얀마, 스리랑카 등의 상좌부 불교 전통에서 스님들이 생활하는 모습은 2,500여 년 전의 부처님 시대와 크게 달라진 게 없다. 부처님 당시처럼 모든 스님들이 오전에 탁발을 하여 식사를 마친다. 위빠싸나 수행자들은 한 걸음, 한 걸음 발을 올리고 내릴 때 일어나는 감각에 주의를 기울이면서 천천히 걷는다. 식사를 할 때에는 음식물의 촉각과 미각을 모두 느끼면서 씹는다. 호흡을 할 때에도 바람이 코를 통해서 몸으로 들어오고 나가는

촉감을 낱낱이 따라가며 주시한다. 너무나 비효율적으로 걸어가
고, 느리게 식사를 하고, 답답하게 호흡한다. 장자의 한음장인(漢
陰丈人) 못지않게 참으로 불편하게 생활한다. 이는 양이 아니라
질을 중시하는 스님들의 삶이다. 이런 식으로 생활할 때 우리의
마음은 효율성을 위한 알고리즘에서 벗어나 순수함을 회복한다.
그리고 한음의 노인이 말하듯이 그런 마음을 갖춘 사람에게 도
(道)가 실릴 수 있다.

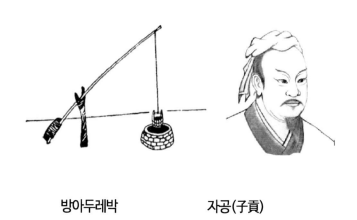

방아두레박   자공(子貢)

산에 오르려고 할 때 케이블카를 타면 정상에 빨리 도착하겠지
만, 그 산 숲속의 낱낱 자태를 감상할 수 없다. 그러나 등산을

할 경우 산비탈의 경사를 느낄 수 있고, 그 산이 품고 있는 바위와 개울, 꽃과 나무를 즐길 수 있다. 그 산의 정기를 듬뿍 담고 하산한다. 그야말로 '가까운 길 마다하고 먼 길로 가야'만 얻을 수 있는 소득이다. 인생도 이와 같으리라.

❀ 부처님 가운데 토막

"부처님 가운데 토막" 마음이 어진 사람을 이르는 말이다. "법 없이도 살 사람"이라고 부르기도 한다. 드물긴 하지만 우리는 가끔 그런 사람을 만난다. 공자가 말하는 그야말로 생이지지한 사람이리라. 공자는 《논어》에서 "태어날 때부터 그것을 아는 사람(생이지지자, 生而知之者)이 으뜸이고, 배워서 그것을 아는 사람(학이지지자, 學而知之者)은 그 다음이다."라고 말하면서, "나는 생이지지한 사람이 아니라, 옛 것을 좋아하여 영리하게 그것을 구하는 사람이다(我非生而知之者 好古敏以求之者也)."라고 말한 바 있다. 여기서 말하는 '그것'을 학문적 지식이라고 해석할 수도 있겠지만, 공자님 생각에 '그것'은 우리 마음의 궁극을 의미하였으리라.

부처님께서는 생이지지한 분이셨다. 태어날 때부터 그 마음이 그 감성이 마음의 궁극에 닿아있는 분이셨다. 부처님께서는 세속적 욕망에서 벗어나 있으셨고, 모든 생명체에 대한 자비심이 가득한 분이셨다. 12세 어린나이에 농경제에서 새에게 벌레가 쪼아 먹히는 장면을 목격하고서 비감에 젖으신 일화를 통해 우리는 부처님의 자비심을 알 수 있고, 왕자의 신분을 버리고 구도의 길을 떠나셨다는 점은 부처님의 염리심(厭離心)을 대변한다.

부처님 가운데 토막. 생이지지든, 학이지지든 일거수일투족 너무나 선(善)하다. 부처님 가운데 토막과 같은 마음으로 살아가는 것은 대승보살의 육바라밀행(六波羅密行)에 다름 아니다. 그냥 선한 게 아니라, 선행을 하고도 자신이 선한 줄 모른다. 그의 몸

과 마음이 선 그 자체이기 때문이다.

보시, 지계, 인욕, 정진, 선정, 반야의 여섯 가지 덕목에 공성의 통찰과 대자비의 마음이 결합한 것을 육바라밀이라고 부른다.

남에게 베푸는 보시이되, 남에게 베푼다는 티를 내지 않는 무주상(無住相)의 보시, 나와 남이 다르지 않다는 통찰이 함께하는 동체대비(同體大悲)의 보시이어야 보시바라밀이다. 내가 남에게 베풀었다는 사실을 남만 모르는 게 아니라 나 자신도 모른다. 단순한 보시도 참으로 선한 행동인데, 그에 덧붙여 보시했다는 자각조차 없어야 보시바라밀인 것이다. ≪대반열반경≫에서는 이런 베풂을 '다치거나 병든 외아들을 보살피는 어머니의 베풂'에 비유한다. 병든 자식을 돌보는 어머니가 착한 일을 한다는 생각을 떠올릴 리가 없다. 무주상의 베풂이고 동체대비의 베풂이다. 자신의 혈육이 아니라, 남에 대해서도 이렇게 베풀고 있다면 그는 '부처님 가운데 토막'과 같은 사람이리라.

"살생하지 말라. 도둑질하지 말라. 삿된 음행 하지 말라. 거짓말하지 말라. 욕하지 말라. 이간질 하지 말라. 꾸밈말 하지 말라. 탐욕 내지 말라. 화 내지 말라. 삿된 종교에 빠지지 말라." 재가불자의 윤리 덕목인 십선계(十善戒)의 조항들이다. 이런 계목을 철저히 지키는 것을 지계행이라고 부른다. 이를 잘 지키는 것 역시 착한 삶이다. 그러나 진정으로 착하기 위해서는 자신이 이런 계목을 지킨다는 자각조차 없어야 한다. 이를 지계바라밀(持戒波羅蜜) 또는 무상계(無相戒)라고 부른다. 뼛속까지 착해서 착하려고 노력할 필요조차 없다. 마음을 다 열어 보여주어도 부끄러울 게 없다. 공자님이 70세가 되어서야 겨우 체득하신 종심(從心)의 경지다. "마음에서 욕구하는 바가 세속의 잣대를 넘어가지 않는(從心所欲不踰矩)" 경지다. 부처님 가운데 토막의 경지다.

🪷 사촌이 땅을 사면 배가 아프다

"사촌이 땅을 사면 배가 아프다." 가까운 친척에게 좋은 일이 생길 때 기뻐하는 게 아니라 오히려 시기하고 질투하는 못된 심리를 꼬집는 속담이다. 근대 이전의 가부장적 사회에서는 자식이 여럿이어도 부모의 재산을 모두 장남에게 물려주었다. 이에 대해서 동생들이 불만을 갖지 않았던 이유는 장남이 동생들의 생계와 교육을 책임졌기 때문이었을 것이다. 이렇게 경제공동체인 가족이기에 "형제가 땅을 사면 배가 아프다."는 속담은 생길 수 없었으리라.

그러나 사촌의 경우 어릴 때 한 동네에 살면서 치고받고 함께 뒹굴고 놀았다고 해도 장성한 후에는 경제적으로 '남'이 된다. 내가 어려움에 처할 때 사촌이 나를 어느 정도 도울 수는 있겠지만 한계가 있다. 가까운 사촌은 나와의 비교대상이 되기도 하기에 사촌의 과도한 성공은 나에게 열등감을 줄 수 있다. 나와 무관한 빌 게이츠가 땅을 사면 배가 아프지 않지만, 사촌이 땅을 사면 배가 아픈 이유다.

현대는 '자기 PR 시대'라고 한다. PR은 '홍보'를 의미한다. 현대 사회에서는 자기를 홍보하고, 자랑하는 것이 흠이 아니라 권장할 일이라고 한다. 그렇다면 과거 우리나라에서는 어떠했는가? 누군가가 과도하게 자신을 자랑하면, '팔불출(八不出)'이라고 부르면서 흉을 보았다. 팔불출의 어의(語義)에 대해 여러 가지 해석을 하지만, 필자가 알기로는 '남에게 내보이지(出) 말아야(不) 할 것 여덟 가지(八)를 내보이는 어리석은 사람'을 의미한다. 그 여덟 가지란 '①자기 자랑, ②아내(배우자) 자랑, ③자식 자랑, ④학벌 자랑, ⑤가문 자랑, ⑥재산 자랑, ⑦형제 자랑, ⑧친구 자랑'의 여덟 가지다.

과거 우리 사회에서는 남과의 대화에서 이런 여덟 가지 가운데 어느 것을 드러내면서 자랑하는 사람을 '좀 덜떨어진 사람'이라고 간주했기에 이를 숙어화 하여 '팔불출'이라고 수근거렸다. 대화 중에 누군가가 팔불출 가운데 어느 하나를 내보일 경우, 이를 들은 상대방은 겉으로는 칭송하겠지만, "사촌이 땅을 사면 배가 아프다."라고 하듯이, 내심 불편할 수도 있기 때문이다. 그래서 주변 사람들과 우의 깊고 돈독한 관계를 유지하기 위해서 팔불출의 일들을 가능한 한 내보이지 않으려 했다. 혹시 드러난다고 해도 낮추고 숨기고 물러서는 것이 예의였다. 참으로 섬세하고 사려 깊고 수준 높은 도덕의식이었다.

이렇게 팔불출의 일들을 남에게 내보이는 것도 좋은 행위가 아니지만, 이를 접하고서 심기가 불편한 것 역시 올바른 마음이 아니다. 자비희사(慈悲喜捨)의 사무량심 가운데 희심(喜心)은 누군가에게 좋을 일이 생겼을 때 함께 기뻐하는 마음을 의미한다. 사촌이 땅을 샀다고 할 때 질투하는 마음이 든다면 즉시 참회하고서, 기뻐하는 마음으로 전환해야 한다. 우리는 불교의례를 마무리할 때 사홍서원(四弘誓願)의 다짐을 발한다. 사홍서원의 사홍서원의 첫 구절인 '중생무변서원도(衆生無邊誓願度)'는 "한량없는 중생을 모두 제도하겠다."는 의미다. 성불을 지향하는 보리심의 다짐이다. 그런데 사촌이 땅을 샀을 때 배가 아프다면 이는 말뿐인 거짓 다짐이리라. 티벳불교 겔룩파의 교과서, ≪보리도차제광론≫에서는 "그 마음에 질투심이 있다면 '모든 중생의 성불을 원한다.'는 그의 보리심은 속임수에 불과하다."고 가르친다. 진정한 불자라면 사촌이 땅을 샀을 때 기쁜 마음을 내야 하리라.

🪷 고생을 사서 한다

"고생을 사서 한다." "여러 정황을 봐서 스스로 어려운 일을 맡아서 고생을 한다."고 푼다. 여기서 말하는 '사서'는 "값을 치르고 물건을 산다."고 할 때의 '사다'에서 파생된 말이다. 하지 않아도 될 고생을 굳이 자청해서 한다는 뜻이다.

"젊어 고생은 사서도 한다."거나 "초년고생은 사서라도 한다." 는 속담에도 '고생'이나 '사다'와 같은 단어가 들어가 있긴 하지만, 그 뜻은 약간 다르다. "힘들고 고생스러운 젊은 시절을 겪을 경우 그것이 자량이 되어 성공적인 인생을 꾸릴 수 있다."는 뜻이다. 젊어서 고생이 많았던 사람이 이를 잘 극복할 경우 나중에 남보다 더 많은 돈을 벌고, 더 높은 권력을 누리고, 더 큰 명예를 날리게 되더라는 세속적 격려의 말이다. 사실 그렇다. 대통령이나 유명인 가운데 어린 시절 유복했던 사람이 드물긴 하다. 그러나 지금 이 시대, 우리사회의 젊은이들 사이에서는 이 속담이 "젊어서 고생하는 사람은 평생 고생한다."는 냉소적인 격언으로 탈바꿈하여 회자되고 있다. 신자유주의적 경제 운용으로 빈익빈, 부익부가 심화되면서 계층 간 장벽이 점차 높아지기 때문일 것이다.

　"고생을 사서 한다."는 속담에서 말하듯이 사서 고생하는 불교 수행이 있다. 바로 대승 보살도의 수행이다. 끝없이 탄생과 죽음을 되풀이하는 고통의 윤회에서 벗어나서 아라한이 될 수 있는데도 불구하고, 이를 무한 세월 뒤로 미루고 윤회의 세계에 머물면서, 자신을 희생하고 항상 남을 돕고 살아가는 보살도의 수행이다. 불전에서는 3아승기 대겁과 이에 덧붙여 100겁의 세월 동안 보살도를 닦아야 성불한다고 가르친다. 3아승기 대겁 동안 남을 도우며 인연복(因緣福)을 지어서 그 마음에 선업(善業)의 종자가 가득한 보신(報身)의 자량을 쌓는다. 교화대상을 넓히기 위한

복덕의 축적이다. 그 후 나머지 100겁의 세월 동안 32상 80종호를 갖춘 화신(化身)의 성숙을 위한 자량을 쌓아야 비로소 부처로 현신할 수 있다는 것이다. 무한 정진의 보살도다.

세친(4-5세기)이 저술한 『아비달마구사론』에서는 불교 수행을 세 단계로 나눈 후 각 수행단계의 목표에 대해 다음과 같이 노래한다. "소인배[하사, 下士]는 갖가지 방편을 통해 자신의 쾌락을 추구한다. 중사(中士)는 쾌락이 아니라 고통의 소멸만을 추구한다. 왜냐하면 쾌락의 본질은 고통이기 때문이다. 가장 뛰어난 자[상사, 上士]는 자신이 고통을 겪더라도, 남들에게 행복만 있고 고통이 전혀 없기를 추구한다. 왜냐하면, 그는 남들의 고통을 보고서 고통스러워하는 자이기 때문이다."

요컨대 하사는 윤회 내에서 향상을 추구하고, 중사는 윤회에서 벗어나는 해탈을 추구하며, 상사는 고통의 윤회 속에 그대로 머물면서 오직 남들의 행복만을 추구하면서 살아간다. 그 목표를 드러내면 하사도는 세간도, 중사도는 나한도, 상사도는 보살도라고 바꿔 쓸 수 있을 것이다. 『아비달마구사론(阿毘達磨俱舍論)』이 소위 '소승불교'의 문헌이긴 하지만, 대승적 보살도인 상사도를 불교수행의 최정상에 놓는 것이다. 『구사론』의 이러한 삼사도(三士道)의 조망은 티벳불교의 대 학장(學匠) 쫑카빠(Tsong kh

a pa, 1357-1419) 스님이 저술한『보리도차제론(菩提道次第
論)』의 골격이 되었다. 삼사도에서 가장 최고의 수행은 남들의
행복을 위해서 고생을 사서 하는 것이다. 나약함일 수도 있는 '수
동적 착함'이 아니라, 대승보살의 '능동적 선(善)'이다.

🪷 등잔 밑이 어둡다

"등잔 밑이 어둡다." 가까운 곳에서 생긴 일을 잘 모를 때, 이를 지적하는 속담이다.

근대 이전, 우리 선조들은 접시 모양의 작은 그릇에 콩기름이나 아주까리기름을 붓고 한지나 솜을 꼬아 만든 심지에 불을 붙여서 밤을 밝혔다. 한자로 '上(상)'자처럼 생긴 등잔대의 수평받침 위에서 오롯이 타는 등잔불이었지만 그 불빛이 닿지 않는 곳이 한 군데 있었다. 등잔과 그 받침대의 그림자가 떨어지는 등잔 밑이었다. 등잔과 가장 가까운데도, 그 불빛이 결코 도달할 수가 없으니 역설적이다. "등잔 밑이 어둡다."는 속담이 냉소적 기미를 띠는 이유다.

어두운 방을 밝히기 위해 등잔불을 켜도 절대 비추지 못하는 부분이 있다. 바로 그 등잔 아래다. 그리고 우리의 생각을 등잔불에 비유할 때, 우리의 생각 역시 생각의 등잔불 밑을 비추어 보려고 하지 않는다.

세속에 묻혀 사는 사람이라고 하더라도 숨 막힐 듯 바쁜 삶의 와중에서 간혹 삶과 죽음, 인생과 우주에 대한 의문이 들 때가 있을 것이다. "죽으면 이 세상이 끝나는지 내생으로 이어지는지, 깨달은 분이 돌아가시면 어딘가 계시는지 아닌지, 영혼과 육체가 같은지 다른지? …" 참으로 궁금하지 않을 수가 없다. 이런 의문들에 대해서 분별적 답을 제시하는 종교들도 있다. 서구 전통의 이웃 종교들이 대개 그렇다. 또 부처님 당시에 자이나교에서는 "관점에 따라서 그 답이 달라진다."고 가르쳤다. 예를 들어서 현생이 내생으로 이어지는가, 그렇지 않은가?라고 물을 경우, "본질의 관점에서는 이어지지만, 현상의 관점에서는 이어지지 않는다. …"와 같이 답을 하였다. 이를 상대주의적 인식론이라고 부른다. 눈이 보이지 않는 사람들이 코끼리를 더듬어서 다양하게 그 모습을 주장했다는 우화가 이를 비유한다. 또 출가 전 사리불과 목건련의 스승이었던 산자야 벨라티뿟따(Sañjaya Belaṭṭhiputta)는 위에 열거한 종교적, 철학적 의문에 대해 애매모호한 태도를 취했다. 확답을 하지 않고 이런저런 말을 하면서 답변을 회피했다. 그래서 그를 회의주의자라고 부른다.

　그런데 형이상학적 의문에 대해 어떤 답을 제시하는 서구 전통의 종교든, 관점에 따라 답이 달라진다고 보는 자이나교든, 답변을 회피하는 산자야 벨라티뿟따든 공통점이 있다. 그런 의문 자체를 문제시 하지 않는다는 점이다. 그런데 부처님의 해결방식은

이들과 달랐다. 부처님께서는 그런 질문에 대해 침묵을 지키셨다
가 십이연기나 사성제와 같은 연기(緣起)의 교설을 베푸셨다. 그
어떤 형이상학적 질문에 대해서도 침묵 후에 연기법을 설하셨던
것이다. 동문서답과 같은 방식이었다. 『대지도론』에서는, 그런
형이상학적 질문들은 "석녀(石女)를 보고서 그녀 아이의 피부가
흴까, 검을까?"라고 의문을 품는 것과 같은 잘못된 물음이라고
설명한다. 그런 형이상학적 질문들은 모두 흑백논리적으로 작동
하는 우리의 생각이 만든 허구의 것이기에, 질문자가 연기법을
자각할 때 모든 의문이 해소된다.

종교적, 철학적, 형이상학적 의문은 그런 의문을 만든 생각의
등불이 비추는 곳을 조사하여 해답을 찾으려 할 것이 아니라, 그

런 생각의 등잔 밑에 깔린 어둠을 비추어서 '해소될 성질의 것'이다. 생각의 허구성을 발견함으로써 의문을 해소하는 것 – 종교적, 철학적 의문에 대한 불교적 해결방식이다. 선(禪)에서 말하는 회광반조(廻光返照)의 방식이다.

🪷 좋은 약은 입에 쓴 법이다

"좋은 약은 입에 쓴 법이다." "입에 쓴 약이 병에는 좋다."고 쓰기도 한다. "괴로운 일이 생겨도 이를 긍정적으로 생각하고 감내할 경우 오히려 나에게 큰 이득을 준다."는 교훈을 담은 속담이다. 이 속담을 상기할 때 그 의미가 명료해지는 불교 교리가 있다. 사선근(四善根)의 불교 수행 가운데 인(忍)의 교리다.

인도든 서구든 이웃 종교의 교리와 다른 불교 고유의 특징은 고, 집, 멸, 도의 사성제(四聖諦)에 있다. 『아비달마구사론』의 돈오점수적인 수행론에 의하면 아라한을 향한 불교 수행의 길은 '신기청정(身器淸淨)→ 사념처(四念處)→ 사선근(四善根)→ 견도(見道)→ 수도(修道)→ 무학도(無學道)의 아라한'으로 요약된다. 신기청정은 수행의 준비, 사념처 수행은 사성제 가운데 고(苦)성제 한 가지에 대한 집중적 통찰이다. 그 다음인 사선근의 단계가 되면 사성제 전체에 대한 분석적 통찰을 시작하며, 견도에 이르러 사성제에 대한 직관이 일어나면서 인지적 번뇌인 미리혹(迷理惑)이 일거에 제거되고, 수도를 통해 감성적 번뇌인 미사혹(迷事惑)을 서서히 제거하여 궁극적으로 무학도의 아라한이 된다.

사선근은 난(煖), 정(頂), 인(忍), 세제일법(世第一法)의 네 단계로 이루어져 있다. 첫 단계를 난이라고 부르는 이유는 '저 멀리서 활활 타는 견도의 불기운이 따뜻하게(난) 느껴지기 때문'이다. 그 다음을 정이라고 부르는 이유는 마치 산의 정상에 올라서듯이 사성제에 대한 분석적 통찰이 극에 달했기 때문이다. 정의 고개를 넘어서 인(忍)의 단계로 들어서면 내생에 결코 삼악도에 떨어지지 않는다고 한다. 더 이상 극악을 짓지 않기 때문일 것이다. 그리고 사선근의 마지막인 세제일법은 문자 그대로 '세속의 최고 경지'로 성자가 되기 바로 직전의 단계다.

사선근 가운데 인(忍)은 '참음'을 의미하는 범어 끄샨띠(kṣānti)의 번역어인데, 현대불교학자들 사이에서 그 원래 의미에 대해 학문적 논란이 많았다. 인의 단계 직후인 세제일법의 한 찰나만 지나면 견도의 깨달음과 만나기에 이에 도달하려는 욕구와 기쁨이 가득해야 할 텐데, 이를 '참음'이라고 명명하는 것을 문제가 있다고 생각한 듯하다. 그 때문인지 끄샨띠의 어근이 '참다'는 의미의 끄샴(kṣam)이 아니라, '욕구하다'를 뜻하는 '깜(kam)'일 것이라고 주장하는 학자도 있었다. 그러나 인(忍) 수행의 최종 목표가 '탐진치의 번뇌를 모두 소멸(燒滅)한 열반'이라는 점을 상

기할 때 '참음'의 수행인 인이야말로 깨달음 직전에 반드시 거쳐
야 하는 수행이라는 점이 명료해진다.

불나방

단적으로 말하면, 인(忍)의 단계는 '세속적 삶의 원동력이었던
동물적 쾌락'과 영원히 결별하는 것에 대한 아쉬움을 참는 단계
다. 인지적 번뇌가 모두 연소하는 견도의 불길이 목전에 있기에
동물적 쾌락의 원천인 음욕과 재물욕과 식욕과 분노와 질투와 교
만과 같은 번뇌를 억누르고 참는 단계다. "좋은 약은 입에 쓴 법

이다."라는 속담이 가르치듯이 견도의 깨달음이라는 '좋은 일'의 토대인 인(忍)의 단계에서는, 욕망과 분노와 교만을 억누르는 '고결함을 위한 고통'이 수반된다. 그럼에도 불교수행자는 번뇌의 질병을 치료하여 열반에 도달하기 위해서, 쓰디 쓴 인(忍)의 약을 복용하면서 금욕의 고통을 감내한다. 뜨거운 불에 그 몸을 던지는 불나방과 같이.

🪷 견물생심

'견물생심(見物生心)' "물건을 보면 마음이 생긴다."는 뜻이다. 좋은 물건을 보면 그것을 갖고 싶은 마음이 생기는 것은 인지상정(人之常情)이리라. 번뇌 가운데 탐욕, 탐욕 가운데 재물욕을 드러낸 속담이지만 식욕, 음욕 등 다른 욕망에도 해당한다. 호텔 뷔페 음식진열대에 가득한 산해진미를 보고 입에 군침이 돈다. 음식에 대한 견물생심이다. 아리따운 여성(또는 멋진 남성)을 보면 사귀고 싶다. 이성에 대한 견물생심이다.

견물생심. 재물욕, 식욕, 명예욕, 음욕과 같은 탐욕의 번뇌를 충족시키기 위해서, 법에 걸리지 않는 한도 내에서 온갖 행동을 하면서 살아가는 세속인들에게 해당하는 속담으로, 불교의 십이연기설(十二緣起說)에서 수(受)에서 애(愛)로 이어지는 매듭을 이해할 때 좋은 참조가 된다.

십이연기는 삶과 죽음을 무한히 되풀이 하는 모든 생명체에게 공통된 윤회의 법칙이다. 모든 생명체는 무명(無明)으로 인해 행을 짓고 이어서 식(識)↔명색(名色)→육입(六入)→촉(觸)→수(受)→애(愛)→취(取)→유(有)→생(生)→노사(老死)로 이어지는 열두 단계 과정을 겪으면서 살아간다. 인간을 예로 들어 설명하면 다음과 같다.

전생의 나는 무지하였기에(무명), 일생동안 갖가지 업을 지으며 살았다(행). 그런 나의 모든 행동은 종자와 같이 영글어 내 마음 밭(식)에 저장된다. 나의 모든 행동을 내가 목격했기 때문이다. 그 후 사망한다. 전생 업의 종자를 모두 간직한 나의 마음은 현생의 어미의 자궁 속에 형성된 수정란에 반영되어 태아로서 자라난다(명색). 임신 후 5주가 되면 태아의 몸에 이목구비와 같은 감관의 모양이 잡힌다(육입). 그리고 10달이 되어 어미의 몸

밖으로 나와서 며칠이 지나면 소리가 들리고 무엇이 보이기 시작
한다. 감관과 대상의 접촉이 시작되는 것이다(촉). 외부대상에는
괴로운 것도 있고 즐거운 것도 있는데 아동기에는 힘이 없기에
그저 수용만 할 뿐(수) 이에 대해 극렬하게 반응하지 못하다가,
장성하여 사춘기가 되면 동물적 즐거움을 탐하는 마음이 강력하
게 일어난다(애). 그리고 사회적으로 용인되고, 갖가지 종교에서
제시하는 방식에 따라서(취) 그런 욕망을 실현하면서 평생을 살
아간다(유). 그 후 다시 사망했다가, 자신의 업에 맞추어 다시 탄
생하고(생) 늙고 사망하는 일(노사)을 되풀이한다.

열두 지분을 이상과 같이 전생, 현생, 내생으로 펼쳐서 조명한
십이연기를 분위연기(分位緣起)라고 부른다. 이와 달리 한 찰나
에 열두 지분이 동시에 쌓여있다고 해석할 경우 찰나연기라고 부
른다. 그런데 이런 열두 가지 지분 가운데 외부의 괴로움과 즐거
움을 느끼는 것이 수(受)의 단계이고 그로 인해서 발생하는 동물
적 감성이 애(愛)의 단계인데, 그 과정이 견물생심(見物生心)에
그대로 부합한다. "좋은 것을 보면 그것을 갖고 싶은 마음이 생
긴다."여기서 '좋은 것을 봄'은 '수'에 대응되고, '그것을 가지려
는 욕망의 발생'은 '애'에 해당된다.

불교수행자는 기초단계에서 먼저 동물적 욕망을 버려야 하는

데, 욕망을 억제할 수도 있겠지만, 초보수행자에게 이는 쉽지 않은 일이다. 가장 확실한 방법은 욕망의 대상을 접하지 않는 것이다. 즉, 견물을 하지 않아야 생심하는 일이 없다. 십이연기설로 설명하면 수(受)를 차단하면 애(愛)가 일어나지 않는다.

🪷 낮말은 새가 듣고, 밤말은 쥐가 듣는다

"낮말은 새가 듣고, 밤말은 쥐가 듣는다." 아무리 비밀히 한 말이라도 반드시 남의 귀에 들어가게 되는 법이니 말조심해야 한다는 교훈을 담은 속담이다. 누군가로부터 남의 험담을 들을 때 "절대 발설하지 않겠다."고 약속하지만, 시간이 흐르면 그 약속은 까맣게 잊어버리고 여기 저기 그 험담을 전하게 된다. 험담은 돌고 돌아서, 애초에 험담을 했던 사람에게 그 구업의 과보로 찾아온다.

구업(口業)은 문자 그대로 '입으로 지은 업'이다. 업(業)은 범어 까르마(karma)의 한역어로 '행위' 또는 '행동'을 뜻한다. 불전에서는 우리의 모든 행위를 그 짓는 기관에 따라서 신업(身業), 구업, 의업(意業)의 셋으로 나눈다. 신업은 손, 발과 같이 몸으로 하는 행동이고, 구업은 입으로 하는 행동인 말이며, 의업은 마음으로 하는 행동인 온갖 생각들이다. 또 우리의 행동은 가치에 따라서 선한 것(善性), 악한 것(惡性), 선도 악도 아닌 것(無記性)의 세 가지로 구분된다.

몸으로 살생, 도둑질(투도), 삿된 음행(사음)을 하거나, 입으로

거짓말(망어), 욕설(악구), 이간질(양설), 꾸밈말(기어)을 짓거나,
마음에서 탐욕, 분노(진에), 삿된 종교관(사견)이 일어나면 악이
다. 이를 십악(十惡)이라고 부른다.

　"낯말은 새가 듣고, 밤말은 쥐가 듣는다."는 속담에서는 우리
가 삼가야 할 것을 십악 가운데 구업인 '말'에 국한하지만, 악은
몸이나 마음에서도 일어날 수 있다. 또 이 속담은 남과의 대화중
에 삼가야 할 것을 가르치지만, 불교의 업 이론에 의하면 목격자
가 전혀 없는 악행도 삼가야 한다. 내가 아무도 듣지 않은 혼잣말
을 하거나, 목격자가 없는 악행을 하거나, 심지어 아무도 모르게

마음 속으로만 나쁜 생각을 했어도 언젠가 나에게 화(禍)가 돌아온다. 나의 일거수일투족을 항상 바라보고 있는 자가 있어서 나를 처벌하기 때문이다. 그 자는 다름 아닌 바로 나다. 업을 짓는 자도 나이고, 내가 업을 짓는 것을 목격하는 자도 나이고, 나중에 나를 처벌하는 자도 나다. 나에게 업을 짓게 하고 나로 하여금 그 과보를 받게 한다. 이를 자업자득이라고 부른다.

정신분석학의 창시자 프로이트에 의하면 우리의 마음은 이드(Id), 자아(Ego), 초자아(Superego)의 3원구조로 이루어져 있다고 한다. 이드는 '본능', 초자아는 '양심', 자아는 '양심과 본능을 중재하는 영민한 조절자'라고 풀이 할 수 있을 것이다. 우리가 악을 행하여 양심인 초자아의 감시망에 걸려들 경우, 언젠가 나(자아)도 모르게 '초자아'의 처벌을 받는다. 이를 자기처벌(Self-punishment)이라고 부른다. 불교의 자업자득, 인과응보에 대한 정신역동학(Psycho-dynamics)적 해석이다.

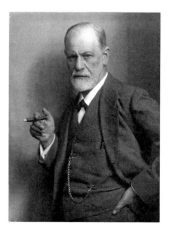

프로이트(1856-1939)

낮말이든 밤말이든, 꿈속에서 한 말이든, 남에게 한 말이든, 나 혼자 한 말이든, 내가 한 모든 말들을 다 내가 듣고 있다. 내 마음이 알고 있다. 내 마음 밭에 구업의 씨앗으로 저장되었다가, 시간이 지나면 무르익어서 마치 싹이 트듯이 과보로 나타난다. 불교 유식학 용어로 '마음 밭'을 아뢰야식이라고 부른다. '창고와 같은 마음'이라는 뜻이다. 낮말은 새가 듣고, 밤말은 쥐가 듣기도 하겠지만, 새나 쥐가 있든 없든 낮말도 언제나 내가 듣고, 밤말도 언제나 내가 들어서, 아뢰야식의 창고에 저장되었다가 과보로 나타난다. 내가 나를 처벌한다. 자업자득의 자기처벌이다.

🪷 도고마성

"도고마성(道高魔盛)." "도가 높으면 마장이 극성을 부린다."
는 뜻의 불교 내 격언이다. 수행의 경지가 높아질수록, 마구니의
방해가 심해진다. 마구니는 '마(魔)의 군대'를 의미하는 마군(魔
軍)에서 변음한 말인데, 이때 말하는 마는 천마(天魔)다. 서양문
화의 영향으로 '마구니'라고 할 때 대개 '지옥의 사자(使者)'와
같은 '무시무시한 악마'를 떠올리지만, 불전에서 말하는 악마, 마
구니는 지옥이 아니라 하늘에 사는 천마다. 도고마성. 수행자의
도가 높아질수록, 이런 천마들의 방해와 괴롭힘이 극심해진다는
것이다. 평생을 오롯이 수행에 매진하셨던 과거 여러 스님들의
경험적 통찰이 모여서 이런 격언이 빚어졌으리라.

싯다르타 태자께서 보리수 아래에서 좌선을 하고 계실 때, 마
왕 파순(波旬, Pāpiyas)은 땅하(갈애), 아라띠(혐오), 라가(탐욕)
라는 이름의 세 딸을 보내어 태자를 유혹케 하여 수행을 방해하
였다고 한다. 그러나 싯다르타 태자께서는 이 모두를 물리치고
마침내 정각을 이루셨다. 부처님께서 마왕의 세 딸을 물리치신
일화는 부처님의 일생을 여덟 가지 사건으로 요약한 팔상도 가운

데 수하항마상(樹下降魔相)의 그림 한 편을 차지하는 참으로 중
요한 사건이다.

봉선사 수하항마상

그런데 마왕 파순의 유혹과 관련하여 더더욱 중요하지만 널리
알려지지 않은 또 다른 일화가 있다. 마왕 파순은 나무찌(Namuc
i)라고도 불리는데, ≪숫따니빠따≫에서는 보리수 아래에서 수행
중인 싯다르타 태자에게 나무찌가 다가와서 연민(悲)하듯이 다
음과 같이 말했다고 한다.

"그대는 깡마르고 안색도 좋지 않습니다. 그대에게 죽음이 가

까워진 것 같습니다. 당신이 죽지 않고 살아나기는 천에 하나 있을 법한 일입니다. 당신은 살아야 합니다. 살아 있는 게 좋습니다. 살아 있어야 여러 가지 공덕을 지을 수 있습니다. 그대가 청청한 삶(梵行)을 살고 성화(聖火)에 공양물을 바치면 많은 공덕이 쌓입니다. 그렇게 노력하여 무엇을 하려는 겁니까? 노력의 길은 가기 힘들고, 행하기 힘들고, 성취하기 힘듭니다.”

여기서 마왕 파순이 보리수 아래 앉은 싯다르타 태자의 수행을 방해하기 위해 유혹하는 말은 “악을 행하라.”는 것이 아니라 ‘청정한 금욕의 삶을 살면서 성화를 피우고 공양물을 바쳐서 공덕을 쌓는 종교적 삶’을 살라는 것이다. 즉 해탈, 열반의 깨달음을 추구하는 구도의 삶을 살지 말고, 통상적인 종교인들처럼 계를 잘 지키고, 공덕을 쌓으면서 살아가라는 것이다. 이 일화를 통해 우리는 ‘도고마성’의 격언에서 말하는 ‘마(魔)’의 정체를 알게 된다.

해탈, 열반을 추구하는 수행자가 많아지고, 불교수행자의 도가 높아지면, 천마들의 궁전이 흔들린다고 한다. 천궁이 위태로워지는 것이다. 천마들이 관장하는 하늘나라 역시 윤회의 세계에 속하는데, 불교수행자가 깨달음을 얻게 되면 윤회에서 벗어나기에 천상이 점차 텅텅 비게 된다. 속되게 표현하여 천마들이 하늘나라에 열어 놓은 복락의 장사판에 파리가 날리게 하는 것이 도가 높은 불교수행자들이다. 그래서 수행자들의 도가 더 높아지지 못하도록 천마들이 방해를 한다는 것이다. 그래서 도고마성이다. 신화적인 해석이긴 하지만, 하늘나라의 복락조차 초월하는 것이 불교의 깨달음이라는 점을 다시 확인하게 해 주는 멋진 격언이다.

🪷 말 속에 뼈가 있다

"말 속에 뼈가 있다." 사자성어로 만들어 '언중유골(言中有骨)'이라고 쓰기도 하지만, 순수 우리 속담이다. "말 뒤에 겉으로 드러나지 않은 숨은 뜻이 있다."는 뜻이다. '숨은 뜻'을 '뼈'로 대체한 표현이기에 수사법 가운데 환유(換喩)에 해당한다.

팔만사천법문이라고 하듯이 부처님의 가르침은 모두 '말'로 기록되어 있다. 불립문자(不立文字)를 표방하는 선불교이지만, 간화선의 경우 수행의 도구인 화두도 '말'이고, 깨달음을 저울질 하는 법거량도 '말'이며, 깨달음 후에 짓는 오도송도 '말'이고, 세상을 떠나면서 남기는 열반송 역시 '말'로 이루어져 있다. 역설적이게도 선(禪)은 철저한 '언어의 종교'다.

보리달마 스님의 서래(西來) 이후 선불교가 탄생했다고 하지만, 동아시아 사상사의 흐름에서 보면 선을 탄생시킨 교학적 토대는 인도 중관학의 변용인 삼론학(三論學)이다. 삼론이란 인도 중관학의 대표적인 문헌인 ≪중론≫과 ≪십이문론≫과 ≪백론≫의 세 가지 논서를 일컫는 말이다. 구마라습(344-413년) 스님이 번역한 이들 세 논서에 의거한 학문이라는 의미에서 인도 중관학을 동아시아에서는 삼론학이라고 부른다.

구마라습(鳩摩羅什, 344-413) 스님이 이들 세 논서를 번역, 소개함으로써 동아시아인들은 반야경에서 가르치는 공성의 의미에 대해 올바로 이해하게 되었고, 이 때의 삼론학을 고(古)삼론이라고 부른다. 우리는 구마라습의 제자 승조(僧肇, 383-414년)의 논문 모음집인 ≪조론≫ 등에서 고삼론의 전모를 파악할 수 있다. 그런데 구마라습 사후 얼마 지나지 않아 흉노족의 침입으로(418년) 장안이 황폐화 되면서 고삼론의 가르침은 망실되고 만다. 그 후 60여 년의 세월이 지나서 고구려 요동 출신의 승랑(僧朗, 450-530년 즈음) 스님이 남조(南朝) 불교계에 나타나면서 삼론학을 부흥하여 천태학, 선불교, 화엄학의 발생에 큰 영향을 주게 된다. 승랑이 전한 삼론학을 신(新)삼론이라고 부른다.

승랑의 증손제자인 길장(吉藏, 549-623)이나 혜균(慧均)의 저술을 통해 승랑의 사상을 엿볼 수 있는데, 승랑의 사상 가운데 '이내이제(理內二諦)'이란 게 있다. "진제와 속제의 이제(二諦)는 모두 이법(理法) 속에 있다."는 가르침이다. 불전의 가르침 가운데, 외견상 상충하는 듯한 부분이 많다. 무아(無我)와 윤회, 공과 계율 등이 그것이다. 그런데 이제의 틀을 도입하면 교리의 모순은 사라진다. '무아, 공'과 같이 분별을 타파하는 가르침은 진제이고 '윤회, 계율'과 같이 분별에 입각한 가르침은 속제로, 서로 범주가 다르기에 상충할 수가 없다. 그리고 이런 이제는 교법, 즉 '가르침'의 차원에서만 존재한다. 이를 이제시교론(二諦是敎論) 또는 약교이제설(約敎二諦說)이라고 부른다.

일반적으로 진리를 달에 비유하고 그 달을 가리키는 손가락을 가르침에 비유한다. 여기서 이법은 달, 교법은 손가락에 해당한다. 이 비유에서 손가락과 달이 분리되어 있듯이, 일반적으로 교법인 가르침과 이법인 진리는 다르다고 본다. 그런데 '교법인 이제의 손가락'이 '이법인 진리의 달' 속에 있다는 것이 승랑의 '이

내이제' 사상이다. 선승들의 파격적 '언어' 역시 이와 마찬가지다. 마치 손가락이 달을 가리키듯이, 그것을 통해서 진리를 알게 되는 수단이나 도구가 아니다. 파격적 언행 그 자체가 진리의 현현이다. 요컨대 선승들의 경우 "손가락이 그대로 달이다." 말 속에 뼈가 있듯이 ….

🪷 믿는 도끼에 발등 찍힌다

"믿는 도끼에 발등 찍힌다." "잘 되리라고 믿고 있던 일이 어긋나거나 믿고 있던 사람이 배반하여 오히려 해를 입는다."는 점을 비유한다. 수사법 가운데 '어떤 사물 그 자체를 다른 사물 그 자체로 대체하여 표현'하는 환유(換喩)와 '어떤 사물이 갖는 속성을 다른 사물이 갖는 속성에 빗대어 표현'하는 은유(隱喩)가 중첩된 속담이다.

내가 여러 해 동안 잘 쓰던 도끼인데 어느 날 장작을 패던 중에 갑자기 그 자루가 꺾어지면서 내 발등에 날이 꽂힐 수가 있다. 믿는 도끼에 발등이 찍힐 수 있는 것이다. 드물긴 하지만 있을 수 있는 일이다. 내가 믿는 사람이 내가 기대한 만큼 일을 하지 못해도 섭섭하거나 부아가 치밀 수 있는데, 내가 믿는 사람이 나를 배반하고서 오히려 나에게 해를 주면 참으로 기가 막힐 것이다. 이때 우리는 "믿는 도끼에 발등 찍혔다."고 한탄한다. 20여 년 전 일어난 서울의 성수대교와 삼풍백화점 붕괴 역시, 도구나 사람은 아니지만 전혀 예기치 못했던 사건이었다. "항상 그러려니." 하고서 턱 믿고 있던 일상생활의 도끼가 우리 사람들의 발등을 찍은 꼴이었다.

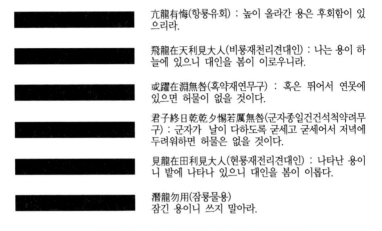

九龍有悔(항룡유회) : 높이 올라간 용은 후회함이 있으리라.

飛龍在天利見大人(비룡재천리견대인) : 나는 용이 하늘에 있으니 대인을 봄이 이로우니라.

或躍在淵無咎(혹약재연무구) : 혹은 뛰어서 연못에 있으면 허물이 없을 것이다.

君子終日乾乾夕惕若厲無咎(군자종일건건석약려무구) : 군자가 날이 다하도록 굳세고 굳세어서 저녁에 두려워하면 허물은 없을 것이다.

見龍在田利見大人(현룡재전리견대인) : 나타난 용이니 밭에 나타나 있으니 대인을 봄이 이롭다.

潛龍勿用(잠룡물용)
잠긴 용이니 쓰지 말아라.

≪주역(周易)≫의 건괘(乾卦)에 대한 효사(爻辭)

"믿는 도끼에 발등 찍힌다." 천 길 물 속은 알아도, 한 길 사람 속은 모르는 일이기에, 다른 사람을 대할 때에는 항상 경계하라는 교훈이기도 하다. 사서삼경 가운데 ≪주역(周易)≫의 건괘(乾卦)에 대한 효사(爻辭)에서 가장 꼭대기에 있는 마지막 양효(陽爻)를 '항룡유회(九龍有悔)'라고 풀이한다. "높이 올라간 용은 후회함이 있으리라."라는 뜻이다. 높이 올라간 용(항룡)처럼 내 컨디션이 가장 좋고, 내 지위가 가장 탄탄하고, 아무 걱정 없고, 모든 일이 순탄할 때, 반드시 예기치 않은 불행으로 후회하는 일이 생길 수 있다(유회). 이와 마찬가지로 우리가 살아가면서 믿는 도끼와 같은 사람에게 발등이 찍히듯이 배반을 당하는 일이 생길 수 있다. 이 때 '그 놈'에게 반드시 보복하겠다는 마음이 들든지, '그 놈'의 배반을 여기 저기 알리면서 죽을 때까지 '그 놈'에 대한 원수를 갚겠다고 다짐할 수도 있다. 그러나 일반적인 종교 성전에서는 '용서'를 가르친다. "오른 뺨을 치거든 왼뺨도 내밀어라."거나 "원수를 사랑하라."는 예수의 말씀에도 용서의 뜻이 담겨 있으리라.

그런데 티벳의 불교인들이 '로종(bLo sByong, 마음 수련)' 수행을 위해 독송하는 〈랑리땅빠 기도문〉에서는 여기서 한 걸음 더 나간다. 기도문을 지은 분은 티벳불교 겔룩파의 전신인 까담파 소속의 랑리땅빠(gLang Ri Tang Pa, 1053-1123) 스님인데 여덟 구절로 이루어진 기도문 가운데 제5, 제6 구절에서 다음과 같이 기도한다.

...

5. 누군가 나를 아무런 이유 없이 시기하여 욕하고 비방하는 등 불선을 행하여도 그로 인한 손해는 내가 가지며 이득은 오히려 그들이 갖게 하소서.

6. 신뢰와 기대 적지 않았기에 마음 다해 정성껏 도와주었던
   그가 오히려 나에게 큰 상처를 주더라도 마음 깊이 그를
   참된 스승으로 보게 하소서.

   …

                                        - 초펠 스님 번역

　원수와 배반자에 대한 피상적인 용서의 마음을 넘어서는 참으
로 거룩한 종교심이 아닐 수 없다. '내 발등을 찍은, 믿는 도끼와
같은 그 사람'에 대해 우리 불자들이 취해야 할 마음가짐이다.

🪷 구슬이 서 말이라도 꿰어야 보배다

"구슬이 서 말이라도 꿰어야 보배다." "아무리 좋은 것이라고 해도 쓸모 있게 만들어야 값어치가 있다."는 뜻이다. 영롱한 보석 구슬이 아무리 많아도 이를 실로 꿰어서 목걸이와 같은 장신구로 만들지 않으면 그 가치가 드러나지 않는다. 아무리 좋은 옷감이 있어도 재단을 하고 바느질을 하여 의복을 만들어 입지 않으면 가끔 남에게 보여주는 자랑거리 정도만 될 뿐이다.

"구슬이 서 말이라도 꿰어야 보배다." 부처님 가르침도 이와 같다. 불전에 실린 부처님의 한 말씀 한 말씀이 모두 보석과 같은 가르침이지만, 마치 의사가 환자의 질병에 따라서 약을 처방하듯이(응병여약), 교화대상의 근기에 맞추어 설법을 베푸셨기에(대기설법), 보석구슬을 실에 꿰어서 목걸이를 만들 듯이 체계적으로 정리하여 수용해야 나의 심성 향상에 도움을 준다.

다른 종교성전과는 비교가 되지 않을 정도로 불전의 양은 방대하다. 그야말로 팔만사천법문이다. 탄허(呑虛, 1913-1983) 스님께서는 기독교, 유교, 도교, 불교의 종교성전의 분량을 비교하면서, 기독교의 성경책은 모두 암기하는데 3개월이면 충분하고,

유교의 사서삼경을 모두 외우려면 3년 정도 걸리고, 도교의 도장경(道藏經)은 30년 걸려야 통달하고, 불교의 대장경은 300년 걸려야 모두 볼 수 있다고 말씀하신 바 있다.

　불전은 이렇게 그 분량도 엄청나지만, 부처님의 가르침을 모두 모아보면 상충하는 내용도 많기에 오래 신행생활을 했어도 무엇이 불교인지 알기가 쉽지 않다. 러시아의 저명한 불교학자 체르밧스키(Stcherbatsky, 1866-1942)는 "비록 유럽에서 불교에 대해 과학적으로 연구를 시작한 지 백여 년의 세월이 흘렀지만 이 종교가 근본적으로 무엇을 가르치는지, 또 그 철학은 무엇인지 여전히 오리무중에 있다. 확실히 그 어떤 종교도 불교만큼 교리를 분명히 정립하기가 곤란한 것은 없었다."고 토로한 바 있다.

　그런데 부처님의 가르침을 하사도, 중사도, 상사도의 삼사도(三士道)로 정리할 때 불교신행의 목표와 방법이 뚜렷해진다. 하사도는 윤회 속에서 향상을 추구하는 재가불자를 위한 가르침이고, 중사도는 윤회에서 벗어나고자 수행하는 전문수행자를 위한 가르침이며, 상사도는 출, 재가를 포괄하여 성불을 지향하는 보살도의 가르침이다. 티벳불교 겔룩파의 종조 쫑카빠(1357-1419) 스님은 방대한 불전의 가르침을 삼사도로 정리한 《보리도차제론》을 저술하였다. 모두 독파하려면 300년 걸릴 수 있는 '서

말 구슬'과 같은 불전의 가르침을 삼사도의 실로 꿰어서 '보배'와
같이 영롱한 신행지침서로 완성한 것이다.

　수학 공부할 때 덧셈과 뺄셈, 곱셈과 나눗셈, 인수분해, 좌표와
함수를 차례대로 배워야 미적분에 통달할 수 있듯이, 부처님의
가르침도 삼사도의 골격에 맞추어 내 마음에 새기고 실천해야 나
의 인격과 삶에 진정한 변화가 온다. 하사도에서는 인신난득(人
身難得), 죽음의 필연성, 내생의 공포, 인과응보와 계율을 공부
함으로써 종교심과 도덕성을 훈련하고, 중사도에 오르면 해탈,

열반을 목표로 번뇌를 제거하면서 출리심(出離心)을 훈련하며, 상사도에서는 역지사지(易地思之) 방식의 자타상환(自他相換)의 수행을 통해 대자비의 보리심을 훈련한 후 공성을 통찰하기 위한 지관쌍운(止觀雙運)의 수행에 들어간다. 삼사도의 실로 인해 불전의 가르침은 멋진 보배 목걸이가 되었다.

🪷 잘 살아도 내 팔자 못 살아도 내 팔자

"잘 살아도 내 팔자 못 살아도 내 팔자" 잘 살고 못 사는 것은 모두 자기가 타고난 운명에 달려 있다는 뜻이다. 얼핏 보면 불교의 인과응보의 가르침을 담고 있는 속담 같아 보인다. 그러나 인과응보는 불교뿐만 아니라 인도에서 발생한 거의 모든 종교가 공유하는 교리다. 불교를 정확히 알기 위해서는 인과응보에 대한 불교의 해석과 여타 종교의 해석이 어떻게 다른지 구별할 수 있어야 한다.

불교적 인과응보설에 의하면 내가 악행을 할 경우, 미래 또는 내생에 반드시 그에 상응하는 괴로움의 과보가 찾아온다. 악인고과(惡因苦果)로 진행되는 '이숙인(異熟因) → 이숙과'의 인과응보다. 이렇게 악인은 반드시 고과를 초래하지만, 나에게 지금 고통스러운 일이 생길 경우 그것이 반드시 내가 지었던 악업의 과보인 것은 아니다.

여기에 불교적 인과응보의 특징이 있다. 자이나교의 경우 우리가 겪는 모든 고통은 악업의 과보라고 주장하였다. 숙명론적 인과응보설이다. 그러나 불전에서는 내가 지금 겪는 모든 고통의 원인이 내가 지었던 악업이 아니라 다른 여러 가지일 수 있다고 가르친다. 『밀린다왕문경』에서는 우리가 겪는 고통의 원인으로 8가지를 열거하는데 이는 다음과 같다. ①위장 내 가스의 과잉, ②담즙의 과잉, ③가래(痰)의 과잉, ④이들 세 가지의 화합, ⑤계절의 변화, ⑥불규칙한 섭생, ⑦심한 상해(외부로부터의 작용에 의한), ⑧업(보). 여기서 보듯이 내가 겪는 고통이 내가 지었던 악업의 과보가 아닌 경우가 많다.

예를 들어서 2004년 동남아시아에 쓰나미가 닥쳐서 23만여 명이 사망하는 대 참사가 일어났는데, 이때 참사를 당한 것이 사망한 사람들이 과거나 전생에 지었던 악업의 과보인 것은 아니란 말이다. 위에서 열거한 8가지 원인 가운데 '⑤계절의 변화'나 '⑦심한 상해'로 인해 사망한 사람이 대부분일 것이다.

인과응보에 대한 이런 불교적 해석을 논리적으로 분석해 보면 부처님 가르침의 위대함을 더욱 실감하게 된다. 인과응보의 교리는 "악한 행동을 하면 고통이 온다."는 조건문으로 표현할 수 있다. 이 조건문에서 '악한 행동을 하면'을 전건(前件), '고통이 온다.'를 후건(後件)이라고 부른다. 그런데 이런 조건문을 근거로 삼아서 "나에게 고통이 왔다. 그러므로 나는 이에 해당하는 악행을 했을 것이다."라고 추론할 경우, 이는 논리적으로 '후건긍정의 오류'에 빠진 잘못된 추론이 되고 만다. 이런 추론은 다음과 같이 정리된다.

> **악한 행동을 하면(A), 고통이 온다(B).**
> **나에게 고통이 왔다(B).** – 후건긍정
> ────────────────────────
> **그러므로 나는 이에 해당하는 악행을 했을 것이다(A).**

예를 들어서 "만일 이것이 고래라면 이것은 포유류다. 이것은 포유류다. 그러므로 이것은 고래다(결론)."라는 추론 역시 후건긍정의 오류를 범한다. 포유류 중에는 고양이, 강아지와 같이 고래가 아닌 것도 있을 수 있기 때문이다.

> **만일 이것이 고래라면(A), 이것은 포유류다(B).**
> **이것은 포유류다(B).** – 후건긍정
> ────────────────────────
> **그러므로 이것은 고래다(A).**

이와 마찬가지로 나에게 고통이 왔을 때 인과응보의 가르침을 떠올리면서 "내가 과거에 어떤 죄를 지었기에 이런 고통이 온 것이다."라고 생각한다면, 이는 '후건긍정의 오류'에 빠진 잘못된 생각이다. "잘 살아도 내 팔자, 못 살아도 내 팔자."라고 할 때 '팔자'라는 말에는 숙명론의 기미가 있다. 즉, 후건긍정의 오류를 범하는 잘못된 속담이다. 지금 내가 못 살 경우, 즉 나에게 괴로움이 많을 경우, 그것이 팔자 때문만은 아니라는 점을 명심하고서, 고통의 극복과 제거를 위해 합리적으로 노력해야 한다. 부처님 가르침을 정확히 알고 따르는 불자라면 마땅히 그래야 한다.

🪷 백짓장도 맞들면 낫다

"백짓장도 맞들면 낫다." 아무리 쉬운 일도 여럿이 힘을 합하면 쉽게 해 낼 수 있다는 뜻으로, 타인과의 협력이 인간사회의 기초가 된다는 교훈을 담고 있다.

여러 동물들 가운데 사회성이 가장 강한 종(Species)이 인간일 것이다. 내가 지금 쓰고 있는 물건 가운데 내가 직접 만든 것은 거의 없다. 내가 사는 집, 옷가지, 신발, 자동차, 컴퓨터, 책, 시계 등등 모두 다른 사람이 만든 것이다. 모든 인간은 다른 인간에게 신세를 지고 산다. 인간 종들은 이렇게 서로 협력하면서 살아왔기에 생명의 세계에서 최강자가 되었다.

나 개인의 힘은 야생의 사자나 호랑이에 비해 보잘 것 없다.

근육의 힘만으로 이런 야수와 겨룬다면 순식간에 잡아먹히고 말 것이다. 나 개인은 참으로 나약하고 누추하지만, 우리 인간들이 밀림 속에 들어가 이들 야수들을 제압하고 포획할 수 있는 것은, 총과 칼, 자동차와 같은 문명의 이기를 만들어냈기 때문이다. 진드물다화 과정에서 인간 종이 분화한 이후, 개개의 인간들이 이룩한 기술문명이 누적적으로 후대로 전승되면서 동물의 세계에서 인간은 타의 추종을 불허하는 최강의 포식자로 등극하였다. 요컨대 타인을 배려하면서 윤리와 도덕을 준수하는 선성(善性)이 인간을 우월한 종으로 비약하게 만든 비결인 것이다.

이렇게 "백짓장도 맞들면 낫다."는 속담이 의미하는 '타인과의 협력과 공존'은 세속 생활에서만 중요한 원리가 아니다. 불교수행의 길에서도 다른 수행자와의 협력과 공존은 필수적이다. ≪별역잡아함경≫에는 선지식(善知識)과 좋은 친구, 좋은 도반의 중요성을 강조하는 부처님의 다음과 같은 가르침이 실려 있다.

"… 아난이 나에게 와서 머리 조아려 절을 하고서 다음과 같이 말하였다. '금욕수행(梵行)을 할 때 악지식이나 악한 도반, 악한 친구가 아니라 선지식(善知識)이 절반의 역할을 합니다." 나는 아난에게 고하였다. "아니다. 아니다. 그런 말 하지 말거라. 왜 그런가? 무릇 선지식, 착한 친구, 좋은 도반이 금욕수행에서 전

부의 역할을 하느니라. 또 착한 친구를 도반으로 삼는 사람은 악
지식, 악한 친구, 나쁜 도반과 무리를 이루지 말거라. 왜 그런가?
나 역시 선지식에 의해서 생사에서 벗어났기 때문이니라. 따라서
선지식이 수행의 전부에 해당한다고 알거라."

　백지장이 가볍긴 하지만, 두 명이 맞들면 그 무게의 절반만 부
담하면 된다. 이와 같이 세속의 일에서는 누군가와 함께 일을 할
경우, 일의 부담이 동참한 사람의 수에 비례해서 줄어든다. 그러
나 불교수행자가 금욕수행을 할 때에는 함께 수행하는 착한 친
구, 좋은 도반, 그리고 이를 지도하는 선지식의 존재는 필수적이
다.

　불법승 삼보 가운데 승보를 의미하는 상가(Saṃgha)는 '집합,
모임, 공동체' 등을 의미한다. 즉 한 분의 스님이 아니라, '여러

스님들의 모임'이 상가다. 출가 구도의 길에서 악을 지양하고 선을 추구하며 살아가고자 할 때, 출가 전에 익혔던 습기를 제거하려면, 공동체 생활을 통해 그것이 드러나고, 다시 이를 참회하는 일이 반복되어야 할 것이다. 선악은 타인과의 관계 속에서 드러나는 법인데 홀로 생활할 경우 출가 전의 습기가 드러나지 않는다. 금욕수행의 길에서, 함께 생활하면서 백짓장을 맞들어 주는 선지식과 좋은 도반의 존재가 필수적인 이유다.

🪷 공수래공수거

"공수래공수거(空手來空手去)" "빈손으로 왔다가 빈손으로 간다."는 뜻이다. 최희준이 노래한 철학적 유행가 '하숙생'의 마지막 소절이기도 하다. 유행가 '하숙생'은 "인생은 나그네길, 어디서 왔다가 어디로 가는가?"라는 물음으로 시작하여 "빈손으로 왔다가 빈손으로 가는가?"로 끝을 맺는다.

티벳불교 겔룩파의 신행지침서 ≪보리도차제론≫에서는 불법승 삼보에 귀의하기 전에 먼저 다음과 같은 세 가지 점에 대해 깊이 숙고해야 한다고 가르친다. 첫째는 수많은 생명 가운데 내가 인간인 것이 참으로 희귀한 일이라는 점이고, 둘째는 나에게 언젠가 반드시 죽음이 닥친다는 점이며, 셋째는 탐진치의 삼독심을 제거하지 못한 거의 모든 사람들은 내생에 아귀, 축생, 지옥의 삼악도에 떨어진다는 점이다. 이 세 가지 사실에 대해 깊이 숙고할 경우, 큰 공포심이 생기고, 이런 공포로부터 나를 구원해주는 불법승 삼보에 대해 진정한 귀의의 마음이 일어난다. 삼귀의를 통해 불자로서의 삶이 시작되는 것이다.

삼보에 귀의한 후, 가장 먼저 배우는 것이 십선계(十善戒)와 인과응보의 교리다. 십선계란 '①살생하지 말라(불살생), ②도둑질하지 말라(불투도), ③삿된 음행 하지 말라(불사음), ④거짓말하지 말라(불망어), ⑤꾸밈말 하지 말라(불기어, 不綺語), ⑥이간질 하지 말라(불양설, 不兩舌), ⑦험한 욕 하지 말라(불악구, 不惡口), ⑧탐욕 내지 말라(불탐욕), ⑨분노하지 말라(부진에, 不瞋恚), ⑩삿된 종교관을 갖지 말라(불사견, 不邪見)'의 열 가지 행동 규범이다.

살생죄를 지으면 내생에 몸에 병이 많고 수명이 짧고, 투도죄를 지으면 재물이 부족하고, 사음죄를 지으면 배우자가 부정하며, 망어죄를 지으면 남에게 비방을 당하며, 양설죄를 지으면 친구가 떠나가고, 악구죄를 지으면 욕을 많이 먹으며, 기어죄를 지으면 말에 존엄이 없고, 탐욕죄를 지으면 내생에도 탐욕이 많고, 진에죄를 지으면 내생에도 진에가 많고, 사견죄를 지으면 내생에도 어리석다고 한다. 이런 10가지 계목(戒目)을 잘 지키고 살아갈 경우, 우리는 우선 내생에 아귀, 축생, 지옥의 삼악도(三惡道)에 태어나는 것을 면할 수 있다.

공수래공수거. 빈손으로 왔다가 빈손으로 간다. 나에게 죽음이 닥치면 재물이든 명예든 권력이든 어느 하나 내생으로 가져갈 수 없다. 태어날 때도 맨주먹이었지만, 죽을 때도 맨주먹이다. 그러나 우리의 마음은 그렇지 않다. 내가 지은 온갖 업의 씨앗들을 가득 담고 내생으로 간다. 불교 유식학(唯識學)에서는 이런 마음을 아뢰야식(阿賴耶識)이라고 부른다. 아뢰야란 범어 알라야(āla ya)의 음사어로 '거주처, 수용처'의 의미다. 내가 지은 업의 씨앗들을 가득 담고 있는 곳, 업종자의 수용처가 아뢰야식인 것이다.

죽을 때 우리의 두 손은 비어있지만, 마음은 업종자로 가득하기에 인간으로 살아가면서 우리가 해야 할 일은, 내생으로 가져갈 수 없는 재물이나 권력, 명예를 추구하는 것이 아니라, 10선계를 잘 지키면서 아뢰야식의 마음 밭에 선업의 종자를 많이 쌓는

일이다. 내 아뢰야식의 마음 밭에 파종한 선업의 종자들은 시기
가 무르익으면 하나, 둘 싹을 티우고 꽃을 피워서 내생의 과보로
나타난다. '공수래공수거'라고 하듯이 우리가 태어날 때도 빈 손
이고 죽을 때도 빈손이지만, 마음에는 한 평생 지었던 선, 악업
(善, 惡業)의 종자가 가득하다.

🪷 뛰어봤자 부처님 손바닥 안이다

"뛰어봤자 부처님 손바닥 안이다." 현장스님(602-664년)의 구
법기를 소재로 명나라의 오승은(1500-1582년)이 저술한 소설
≪서유기≫의 한 장면에서 유래한 속담이다. 바위 속에서 태어난
망나니 같은 손오공이 세상을 뒤흔들고 천상 세계까지 올라가서
난동을 부리자 부처님께서 나타나시어 손오공을 제압하신다. 부
처님께서 손오공에게 당신의 손바닥을 벗어나 보라고 말씀하시
자, 손오공은 근두운(筋斗雲)을 타고서 하늘 끝으로 올라가서,
눈에 보이는 다섯 기둥에 자신이 왔다간다는 글을 쓰고 돌아온
다. 그러자 부처님께서 빙긋이 웃으시면서 손바닥을 펴 보이시는
데, 그 글을 적은 곳이 바로 부처님의 손가락이었다. 그야말로
"(손오공이 날고) 뛰어봤자 부처님 손바닥 안이(었)다."

　≪서유기≫의 저자 오승은은 부처님의 명호로 '석가여래'를 택
했다. 그러나 손오공을 교화하신 부처님이 '비로자나불'이셨다면
더 어울렸을 것이다. 왜냐하면 모든 생명체는 바로 비로자나 부
처님의 품속에서 살아가기 때문이다. 비로자나 부처님은 ≪화엄
경≫의 부처님이시다. 비로자나는 범어 바이로짜나(Vairocana)

의 음사어로, 광명변조(光明遍照)라고 풀이한다. 그 분의 광명이 우주에 가득하다는 뜻이다. 다시 말해 그 분의 몸이 우주에 가득하다. 우주 전체가 그 분의 몸이다. 화엄 신화(Myth)에 의하면 ≪화엄경≫ '비로자나품'에 등장하는 대위광태자께서 이룩하신 무한 정진의 보살행의 공덕으로 건립된 곳이 바로 우리가 사는 이 우주다.

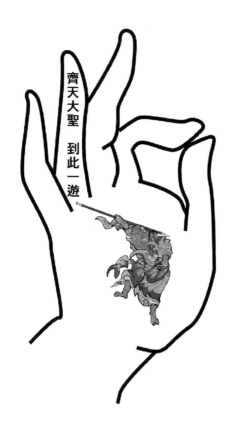

　유식학(唯識學)의 가르침에 의하면 부처님께서는 법신(法身), 보신(報身), 화신(化身)의 세 가지 몸을 갖추고 계신다. 법신은 부처님께서 체득하신 우주 가득한 진리, 보신은 억겁의 보살행의 공덕이 쌓인 부처님의 마음, 화신은 인간의 몸으로 탄생하시어 32상 80종호를 갖추신 부처님의 몸에 해당한다. ≪화엄경≫의 비로자나 부처님은 이 가운데 우주 가득한 진리이신 법신 부처님이시다.

　기독교에서 말하는 삼위에 대비시키면 법신은 하느님(또는 하나님)인 성부(聖父), 보신은 성신(聖神) 또는 성령(聖靈), 화신은 성자(聖子)인 예수에 대응된다. 탄허 스님의 가르침이다. 이 가운데 성부인 하느(나)님에 해당하는 분이 ≪화엄경≫의 주불 비로자나부처님이시다. 뛰어보아도, 굴러보아도, 달려보아도, 날아보아도 모두 비로자나 부처님 품속이다. 살아도 비로자나 부처님의 품속이고 죽어도 비로자나 부처님의 품속이다.

　이런 가르침을 바탕으로 삼아서, 필자가 지은 졸시(拙詩) 〈비로자나 여래〉 전문을 인용하면 다음과 같다.

비로자나 여래

항상 계신 분
태양처럼 밝고 어디든 비추기에
대일(大日)여래라 한다.

대낮
이마 위 공중에서
언제나 쏟아지는 그 따스함
처럼 …

그러나
직시하면 눈이 멀까 봐
감히 바라보지 못했던 분

화엄경의 대위광태자께서
억겁의 보살도로 쌓아놓은 공덕들을
한목에 펼쳐서 세계를 지으려다
꼬물거리는 생명들
차마 방치할 수 없어서
그 몸 그대로 온 중생을 품으신 분

태양보다 밝기에 대일여래라 하고
비추지 않는 곳 없기에
광명변조라 한다.

모으면 한 점이고 펼치면 허공 가득.
어디든 중심이고 누구나 주인공.
바로 그분의 마음
소리 없는 빛이기에
대적광이어라.

                              — 시집, ≪억울한 누명≫에서

🌸 걱정도 팔자다

"걱정도 팔자다." '하지 않아도 될 괜한 걱정을 하는 사람'을 나무라는 속담이다. 동아시아에서 사람의 운명을 점치던 명리학에서는 사람이 태어난 '연(年), 월(月), 일(日), 시(時)'를 묶어서 사주(四柱)라고 불렀다. 네 가지 기둥이라는 의미다. 그리고 '갑, 을, 병, 정 … 임, 계'로 이어지는 천간(天干) 10가지와 '자, 축, 인, 묘 … 술, 해'로 이어지는 지지(地支) 12가지를 차례대로 매칭하면 '갑자, 을축, 병인, 정묘 … 임술, 계해'와 같이 간과 지의 두 글자로 이루어진 60갑자의 순서가 만들어지는데, 이를 사주에 적용한 것이 팔자(八字)다. 문자 그대로 여덟 글자다. 명리학에서는 이 여덟 글자가 갖는 음양과 오행의 기운이 인간의 운명을 결정한다고 보았다. 이런 '팔자'를 분석하여 부귀, 권력, 수명 등과 같은 개인의 운명을 점쳤던 것이다.

쓸 데 없는 걱정을 많이 하는 사람에게 던지는 "걱정도 팔자다."라는 말은, "너는 걱정할 운명을 타고 태어났나 보다."라는 냉소적 기미도 띠지만, 옆에서 보기에 딱하여 "제발 걱정 좀 그만 하라."는 선의의 조언이기도 하다.

  우리 불자들이 수행을 하는 궁극적인 목적은 깨달음에 있지만, 일상생활에서 겪는 괴로움 역시 불교수행을 통해 완화시키거나 제거할 수 있다. 걱정이 팔자처럼 보이는 사람 역시 불교수행을 통해 걱정이 사라지고 마음이 편안해질 수 있다. 불교수행에 여러 가지가 있지만 걱정을 완화시키는 데에는 위빠싸나 수행이 효과적이다. 마하시(Mahasi), 쉐우민(Shwe Oo Min), 고엔카(Goenka), 파욱(Pa Auk) 등이 창안한 다양한 위빠싸나 수행이 있지만 그 공통점은 '촉각'에 주의를 기울인다는 점이다.

마하시의 경우는 호흡을 할 때 일어나는 아랫배의 움직임을 주시하는 것으로 수행을 시작하게 하고, 마하시의 수제자였던 쉐우민은 호흡을 할 때 가슴의 움직임에 주목하면서 호흡 전체를 알아차리게 하고, 고엔카는 코끝이나 인중 부근의 들숨과 날숨이 접촉하는 부위의 감각을 관찰하면서 집중의 힘을 길러서 마음의 안정을 이루게 하며, 파욱의 경우 ≪대념처경(大念處經)≫의 아나빠나 사띠에 근거하여 호흡을 지도하는데 윗입술이나 콧구멍 주변을 접촉하는 가장 분명한 장소에서 숨을 지켜보게 한다. 이런 수행을 통해 촉각을 주시할 때 잡다한 걱정들이 잦아든다.

우리는 '안이비설신의'의 여섯 가지 지각기관으로 '색성향미촉법'의 여섯 가지 지각대상을 인지하면서 살아간다. 그런데 우리가 과거를 회상하거나 미래를 상상할 때에는 여섯 지각 가운데 시각과 청각의 두 가지가 동원된다. 꿈이나 영화에서도 이런 두 가지 지각만 제공하는데 우리는 그 스토리에 빠져든다. '걱정' 역시 과거나 미래의 일들을 시각적, 청각적으로 머릿속에 떠올림으로써 발생한다. 따라서 걱정을 사라지게 하려면 머릿속에 떠오르는 시각과 청각 영상에서 완전히 주의를 거두어서, 지금 이 순간의 일들에만 집중하면 된다. 이를 성취하는 수행이 바로 매 순간 촉각에 주의를 기울이는 위빠싸나 수행이다. 촉각에는 과거나 미래가 없고, 모든 촉각은 항상 지금 이 순간의 일들이기 때문이다. 나의 몸에서 일어나는 촉각에 주의를 기울일 때 과거나 미래로 치달리던 우리의 마음이 쉬게 된다. 위빠싸나 수행의 세속적 효능이다. 걱정도 팔자인 사람을 당장 편안하게 해 줄 수 있는 수행이다.

🪷 생감도 떨어지고 익은 감도 떨어진다

"생감도 떨어지고 익은 감도 떨어진다." 늙은 사람만 죽는 것이 아니라 젊은 사람도 죽을 수 있다는 뜻이다. 태어날 때는 순서가 있지만, 죽음에는 순서가 없다고도 한다. 사실 그렇다.

고대 인도의 바라문교에서는 인생을 학습기(學習期), 가주기(家住期), 임서기(林棲期), 유행기(遊行期)의 네 단계(āśrama)로 나누었다. 이런 네 단계를 거치면서 다르마(dharma, 법), 아르타(artha, 이익), 까마(kāma, 욕망), 목샤(mokṣa, 해탈)라는 네 가지 인생의 목표(puruṣārtha)를 모두 성취하는 것을 바람직한 삶이라고 보았다. 어린 시절의 학습기에는 바라문교의 종교성전인 베다(Veda)를 배우면서 생활하다가, 장성하면 결혼하여 자식을 낳고 부를 축적하는 가주기에 들어간다. 그 후 자식들이 가업을 계승할 시기가 되면 숲속에 들어가서 청정한 종교생활을 영위하는 임서기에 들어간다. 그리고 죽음이 멀지 않은 노년기에 이르면 발우와 지팡이와 물병을 갖고 여기저기 떠돌면서 걸식으로 생활하는 유행기에 들어간다. 이 세상과의 작별, 즉 죽음을 준비하는 것이다.

인생을 네 단계로 나누어서 '지식과 부와 욕망과 해탈'이라는 네 가지 목표를 모두 성취하고자 하는 바라문교도들의 삶은 참으로 이상적인 것 같아 보인다. 동녘에 뜬 태양이 중천을 거쳐 서산에 지듯이 생로병사의 단계가 차근차근 이어진다면 그럴 것이다. 서산 하늘에 노을빛이 번지면서 뉘엿뉘엿 해가 지듯이 내가 죽는 시점을 예측할 수 있다면 그럴 것이다. 그러나 "생감도 떨어지고 익은 감도 떨어진다."고 하듯이 우리에게 언제 죽음이 닥칠지 알수 없다. 바라문교에서 제시하는 네 단계의 삶이 보편적 지침이될 수 없는 이유다.

어느 날 사고로 목숨을 잃은 사람이 그날 아침에는 자신이 죽을 줄 몰랐을 것이다. 나에게 죽음이 언제 올지 알 수 없다. 내가 죽는 날은 내가 살던 온 세상 역시 무너지는 날이다. 아니 온 우주가 폭발하는 날이다. 내가 언젠가 반드시 죽으며, 그 날이 오늘일 수 있다는 점을 염두에 두고 살아갈 때 매 순간이 참으로 소중하게 느껴지고, 말이든 행동이든 매사에 조심하게 된다. 독실한 불자였던 고(故) 스티브 잡스는 열일곱 살 때 "하루하루를 인생의 마지막 날처럼 살아라. 그러면 언젠가는 의인의 길에 서 있게될 것이다."라는 경구를 읽고서 큰 감명을 받았다고 한다. 그 후 매일 거울 앞에 서면 "혹시 오늘이 내 인생의 마지막 날이었다고 해도, 나는 오늘 하려는 일을 하려고 할 것인가?"라고 스스로 물었다고 한다. 세속에서 엄청난 부와 명예를 성취했지만, 그 원동력은 매일매일 떠올렸던 죽음에 대한 자각에 있었다.

티벳불교 겔룩파의 수행지침서인 ≪보리도차제론≫에서는 본격적인 불교 수행에 들어가기 전에 '염사(念死)'의 명상이 완성되어 있어야 한다고 가르친다. 염사란 문자 그대로 '죽음에 대해 생각하는 것'이다. 그 누구도 죽음을 피할 수 없다. 죽음은 예기치 않게 갑자기 찾아온다. 죽을 때에는 재물이나 가족 그리고 자신의 몸과도 이별한다. 매일매일 죽음에 대해 생각하며 살아갈 때 욕심과 분노가 사라지고, 보시와 지계의 삶을 살게 된다. 그리고 막상 죽음이 닥칠 때 두렵지 않다. '염사'의 명상이다. 젊을

때 완성해놓는 것이 좋을 것이다. 생감도 떨어질 수 있기 때문이
다.

🪷 아는 것이 병이다

"아는 것이 병이다." "많은 것을 알기 때문에 도리어 괴로움을 겪는다."는 뜻이다. "글자를 아는 것이 도리어 우환을 일으킨다." 는 '식자우환(識字憂患)'이라는 사자성어도 그 뜻이 이와 유사하리라. "아는 것이 병이다."라고 할 때의 '앎'은 어떤 특수한 사안에 대한 앎을 의미하리라. 그런데 반야중관학(般若中觀學)의 가르침에 의하면 '앎' 그 자체가 병이다.

서구의 전통논리학에서는 우리의 논리적 사유가 동일률, 모순율, 배중률의 세 가지 법칙에 근거하여 작동한다고 가르친다. 동일률은 "A는 A이다.", 모순율은 "A는 A가 아닌 것이 아니다", 배중률은 "어떤 것은 A이거나 A가 아닌 것이지 그 중간의 것은 없다."는 문장으로 표현된다. 일견 너무나 당연해 보이는 법칙이지만, 이런 법칙의 토대 위에서 우리의 복잡다단한 논리적 사유가 작동한다. 죽은 게 아니면 산 것이고, 내가 아니면 남이다. 같은 게 아니면 다른 것이고, 이어진 게 아니면 끊어진 것이다. 이런 이분법적(二分法的)인 흑백논리를 '분별'이라고 부른다. 분별은 '나누고 구별함'을 의미한다. 우리는 흑백논리적인 '분별'을 통해 세상에 대해 이해하는데, 이런 이해는 세상에서 실제로 일어나는 일과 무관하다.

사찰 입구의 주련(柱聯)

비근한 예를 들어서 "비가 내린다."라는 문장은, 하나의 '강우 현상'을 '비'라는 주어와 '내린다'라는 술어로 '분별'하여 작성한 것이다. 원래는 한 덩어리의 '강우현상'인데, 이를 '비'와 '내림' 이라는 두 개의 개념으로 잘라낸 후, "비가 내린다."라고 말하는 것이다. 그래서 오류가 발생한다. "비가 내린다."라는 말에서 주어로 쓰인 '비'는 이미 '내림'이라는 작용을 갖고 있기 때문이다. 따라서 "비가 내린다."라고 말을 할 경우, '내림을 갖는 비'가 다시 '내린다'는 의미가 되기에 '의미중복의 오류'에 빠진다. 이런 오류에서 벗어나기 위해서, 지금 내리고 있는 창밖의 비가 아니라, 하늘 높은 곳에 '내리지 않는 비'가 있어서 그것이 '내린다'고 생각할 수도 있을 것이다. 그러나 하늘 높은 곳에 올라가도 '내리지 않는 비'는 찾을 수 없다. 내리지 않는 것은 구름이지 비가 아니다. 따라서 내리지 않는 비가 있어서 그것이 내리는 것이라고 분별할 경우, 사실위배의 오류를 범하게 되는 것이다.

"바람이 분다."는 판단도 마찬가지다. 불고 있어야 바람이기에, "바람이 분다."고 말을 할 경우 '부는 바람'이 다시 분다는 의미가 되고 말기에 의미중복의 오류에 빠진다. 이와 달리 저 멀리 어딘가에 불지 않는 바람이 있어서 그것이 부는 것이라고 분별할 경우, 그런 바람은 있을 수가 없기에 '사실위배의 오류'에 빠진다.

"꽃이 핀다.", "얼음이 언다.", "꿈을 꾼다." 등등의 표현도 마찬가지다. 의미중복의 오류와 사실위배의 오류를 범한다. "아는 것이 병"이라고 하지만 불교적으로는 '앎' 그 자체가 질병이다. 이런 질병적 앎이 작동하여 "이 세상은 왜 존재하는가?", "나는 누구일까?", "태어나기 전에 나는 어디에 있었을까?" 등등의 철학적, 종교적 의문이 떠오른다. 그러나 반야중관학의 분석을 통해서 분별적으로 작동하는 앎, 흑백논리적으로 작동하는 앎 그 자체가 질병이라는 사실을 자각할 때, 그런 심각한 의문이 모두 해소된다. 종교적, 철학적 의문을 해결하는 반야중관학의 방식이다.

🪷 도둑이 제 발 저린다

"도둑이 제 발 저린다." 잘못을 범한 사람은, 그에 대해서 아무도 뭐라고 하지 않아도 마음이 조마조마하다는 뜻의 속담이다. 옛날 도둑은 야밤에 남의 집에 들어가서 물건을 갖고 나와서 잡히지 않기 위해 달음질을 쳐서 도망갔을 것이기에, 양심의 가책으로 인한 '정신-신체 증상'이 '발 저림'으로 나타났을 것이다.

인간이 만물의 영장이라고 하지만, 인간도 본질적으로 짐승과 다를 게 없다. 인간이든 짐승이든 오장육부를 갖고 있고, 먹어야 살고, 교미해서 새끼를 낳는다. 인간이든 짐승이든 그저 중생일 뿐이다. 그럼에도 불구하고 동물의 세계에서 인간이 최강의 포식자로 등극하게 된 비결은 인간의 사회성에 있다. 까치나 참새와 같은 들짐승들은 먹이를 구하든 집을 짓든 생존에 필요한 모든 일들을 혼자 감당해야 한다. 그러나 인간의 경우 생존에 필요한 대부분의 것들이 남이 만들어 준 것이다. 책상이든 옷가지든 컴퓨터든 집이든 지금 내 주변에 있는 모든 것은 다 남이 만든 것이다. 개개인의 힘은 호랑이나 곰과 같은 야생동물에 비해 보잘것없지만, 타인과의 공조를 통해 인간은 다른 종들이 감히 넘볼 수 없는 고등문명을 이룩하였다.

반야경에서는 모든 것이 공하다고 가르친다. 인간사회에서 윤리의 기준으로 삼는 선(善)과 악(惡) 역시 예외가 아니다. 실체가 없고 공하다. 선과 악 역시 연기(緣起)한 것이기 때문이다. 선과 악은 인간의 사회성에서 연기한 것이다. 단적으로 말해서 나를 위한 행동은 악이고 남을 위한 행동은 선이다. 진화생물학적으로 표현하여 개체(Individual)를 위한 행동은 악이고, 동족의 유전자(Gene)를 위한 행동은 선이다. 사회적 공존을 해치는 이기적인 행동은 악이기에, 인간사회에서 범죄자들은 형벌을 통해 솎아내었다. 그래서 인간사회에서는 선한 사람이 적자(適者)가 되었고, 인간의 유전자에 '양심'이 각인되었다.

정신분석의 창시자 프로이드는 사람의 성격은 '이드(Id)'와 '자아(Ego)'와 '초자아(Superego)'의 삼원구조로 이루어져 있다고 보았다. 이 가운데 초자아가 양심에 해당한다. 인간이라면 그 유전자에 양심의 코드가 각인되어 있기에 악한 행동을 했을 경우 '양심의 가책'을 느낀다. 이런 양심의 가책을 소

재로 삼은 소설이 러시아의 대문호 도스토예프스키의 소설
≪죄와 벌≫이다. 가난에 시달리던 대학생 라스콜리니코프는
악랄한 전당포 노파와 그 여동생을 살해한다. 목격자가 전혀
없는 완전 범죄였는데, 도둑이 제 발 저리듯이 양심의 가책으
로 인해서 번민하다가 결국 자수하여 시베리아 유형을 떠난
다.

도스토예프스키(1821-1881)　　　≪죄와 벌≫ 초판 표지

　양심의 가책이 심할 경우 스스로 불행을 자초하기도 한다.
뜻하지 않게 사고를 당하여 몸을 다치게 하든지, 자신이 하던
일을 그르쳐서 낭패를 보게 만든다. 물론 전혀 의식하지 못하

고 일어나는 불행이다. 프로이드는 이를 '초자아의 자기처벌 (Self punishment)'이라고 불렀다. 악을 행할 경우 또는 죄를 지을 경우 무의식에 도사린 초자아가 나를 처벌한다는 것이다. 불전에서 가르치는 악인고과(惡因苦果), 즉 "악행의 인(因)을 지으면 괴로운 과보가 온다."는 자업자득의 인과응보에 대한 과학적 해석이다. "도둑이 제 발 저린다."고 할 때 도둑질은 악인(惡因)에 해당하고, 저린 발은 앞으로 올 고과(苦果)의 전조증상이리라.

🪷 꿈보다 해몽이 좋다

"꿈보다 해몽이 좋다." 하찮거나 언짢은 일을 그럴듯하게 돌려 생각하여 좋게 풀이함을 비유적으로 이르는 속담이다. 이사가는 날에 비가 오면 부자가 된다는 덕담도 그 취지가 이와 같으리라. 불쾌한 일이나 사물에 대해서, 긍정적 의미를 부여하여 분위기를 전환시킬 때, 우리는 "꿈보다 해몽이 좋다."는 속담을 들먹인다. 그런데 마치 꿈을 해몽하듯이, 전통 종교의 의례와 용구에 불교 적 의미를 부여함으로써 위대한 불교문화를 창출한 나라가 있다. 바로 티벳이다. 티벳의 장례의식이 그렇고, 티벳 법당에 모셔진 남녀 교합상의 합체존(合體尊, Yab Yum)이 그렇다.

풍장(風葬)

합체존

티벳고원에서는 불교 전래 이전부터 풍장(風葬) 또는 천장(天葬)이라고도 불리는 조장(鳥葬)으로 장례의식을 치렀다. 시신을 해체하여 독수리 떼에게 먹이로 주는 기이한 장례풍습이다. 추운 지역이라 시체가 썩지 않기에 매장할 수도 없고, 나무가 귀하기에 화장도 어려워서 수천 년 전부터 자연스럽게 정착된 장례풍습이었다. 불교가 전래된 후부터 티벳인들은 이에 대해 거룩한 종교적 의미를 부여하였다. 시신이 독수리의 먹이가 되는 모습을 보면서 무상(無常)의 이치를 절감하게 되고, 시신이 된 '고기 몸(肉體)'을 배고픈 중생에게 보시한다는 자비의 정신을 배운다고 가르친다. 전통장례의 '꿈'에 대해 불교에서 부여한 멋진 '해몽'이 아닐 수 없다.

또 티벳 사원에 모셔진 합체존은 그 기원이 인도의 힌두밀교 사원에 모셔진 쉬바(Śiva)와 샤크띠(Śakti)의 성교상(性交相)에 있다. 그런데 이를 불당에 모시면서 쉬바는 부처님의 자비, 샤크띠는 지혜, 그리고 양자의 성적 결합으로 일어나는 오르가즘은 깨달음의 대락(大樂)을 상징한다고 불교적 의미를 부여하였다. 흉측한 모습의 힌두밀교의 존상(尊像)이라는 '꿈'이 불교적 '해몽'을 통해 의미 깊은 성상(聖像)으로 재탄생하였다.

또 티벳 사원마다 펄럭이는 깃발 장식도 마찬가지다. '기도(祈

禱) 깃발'인 타르초(Tarcho)다. 타르초는 티벳어로 깃발을 의미
하는 '다르(Dar)'와 첨탑을 의미하는 '쪽(lCog)'을 결합한 단어
'다르쪽(Dar lCog)'의 변음이다. 우리나라의 성황당을 장식한 오
색의 천 조각에서 보듯이, 타르초는 원래 아시아 샤머니즘의 공
통된 깃발 장식이었는데, 티벳에 불교가 전래되면서 낱낱 깃발에
경문을 인쇄하여 사찰을 장엄하였다. 바람이 불 때마다 타르초에
인쇄한 부처님의 가르침이 널리 퍼질 것이라는 소망을 담은 불교
적 깃발로 재탄생한 것이다.

타르초

룽따

타르초에는 간혹 '날개 달린 말의 형상'인 '룽따(rLung rTa)'가

경문과 함께 인쇄되어 있기도 하다. 룽따는 티벳어로 바람(風)을 의미하는 '룽(rLung)'과 말(馬)을 의미하는 '따(rTa)'가 결합한 단어로 '바람의 말'이라고 번역된다. 펄럭이는 타르초와 어울리는 의미다. 그러나 동음이의어인 룽따(kLung rTa)가 원래의 명칭으로 그 뜻은 '강(江)의 말'이고, 그 기원은 황하에서 복희팔괘를 등에 싣고 나왔다는 용마(龍馬, lung ma)였을 것으로 추정한다. 신화의 동물 용마가, '강의 말'이 되었다가, 바람에 펄럭이는 타르초 깃발에 그려진 멋진 '바람의 말'로 탈바꿈한 것이다.

"꿈보다 해몽이 좋다." 샤머니즘과 인도밀교의 의례와 용구에 불교적 의미를 부여하여 탄생한 티벳의 불교문화를 대할 때마다 떠오르는 속담이다.

🪷 업은 아이 3년 찾는다

"업은 아이 3년 찾는다.""가까운 데 있는 것을 모르고 먼 데 가서 여기저기 찾아다닌다."는 뜻이다. ≪화엄경≫의 가르침을 요약한 의상 대사의 ≪법성게≫에서, '구래부동명위불(舊來不動 名爲佛)'이라는 마지막 구절에 담긴 의미가 바로 이와 같다. 4× 4조의 가사체로 "옛적부터 부동하여 그 이름이 부처였네."라고 번역된다. 누가 부처였냐 하면, 바로 내가 옛적부터 부처였다는 것이다.

```
一微塵中含十 初發心時便正覺一生死
一量無是卽方別成益寶雨議思不意涅
卽劫遠劫念一切生佛普賢大人如出槃常
多九量卽一一念塵滿十海入能境出常共
切世無一念塵亂虛別印三昧中繁共和
一十是如亦中雜空分無然冥事理和
卽世互相卽仍不衆生隨器得利益是故
一相二無融圓性法叵際本還者行故界
一諸智所知非除佛息盡寶莊嚴法界實
中法證甚性眞境爲妄無隨家歸意實殿
多不切深極微妙名想尼分得資如寶窮
切動一絕相無不動必羅陀以量捉坐
一本來寂無名守不不得無緣善巧
中一成緣隨性自來舊床道中際實坐
```

화엄일승법계도(華嚴一乘法界圖)

≪법성게≫는 ≪화엄일승법계도≫라는 이름의 미로 모양의 도형에 실린 7언 30구 210자의 게송이다. 마치 도장과 같은 모습이기에 법계도인(法界圖印)이라고 부르기도 한다. 저자인 의상 스님과 후대의 주석가들은, 30구의 게송을 미로 모양으로 배열한 법계도인의 기하학에 대해 다양한 종교적 의미를 부여하였다. 법계도인에는 54각의 굴곡이 있는데, 이는 ≪화엄경≫ 〈입법계품〉에서 선재동자가 만난 54명의 선지식을 나타낸다. … 법계도인의 글자들을 하나의 길(一道)에 배열한 이유는 여래께서 일음(一音)으로 설법하신다는 점을 나타내기 위한 것이다. …

≪법성게≫의 첫 구절 '법성원융무이상(法性圓融無二相)'의 첫 글자인 '법(法)'자는 법계도인의 중앙에서 시작한다. 이어서 '제법부동본래적, 무명무상절일체 …' 로 구불구불하게 이어지다가, 중앙으로 회귀하면서 마지막 구절인 '구래부동명위불'의 끝 글자인 '불(佛)'자가 첫 글자인 '법'자 바로 밑에서 끝난다. 시작과 끝이 만나는 것이다.

≪법성게≫의 주석에서는, 출발점과 종착점이 만나는 법계도인의 이런 배치에 대해 "마치 어떤 사람이 침상에서 잠든 것과 같아서 꿈속에서 30여 곳의 역(驛)을 돌다가 깨어난 후에 바야흐로 부동하게 침상에 누워있음을 아는 것과 같다."라거나 "가도

가도 본래 그 자리이고, 도달하고 도달해도 출발점이네."라고 풀
이한다. 부처가 되기 위해서 보살도의 길을 떠났는데, 종점인 부
처의 자리에 도착해 보니, 처음에 출발했던 그곳이었다. 초발심
의 자리가 그대로 성불의 자리였던 것이다.

"업은 아이 3년 찾는다."는 속담에서, 어리석은 여인이 3년을
헤매면서 자기 아이를 찾는 일은 3아승기 100겁의 보살도를 닦
아서 성불하고자 하는 대승의 가르침에 대비되고, 여인이 불현듯
고개를 돌려서 아이가 원래부터 자기 등에 업혀 있었음을 아는
것은 누구나 원래 부처였음을 자각하는 일불승(一佛乘), 즉 일승

(一乘)의 가르침에 대비된다.

우리는 누구나 두 세계에서 살아간다. 하나는 남과 공유하는 객관의 세계이고, 다른 하나는 나 홀로 존재하는 주관의 세계다. 객관의 세계에는 나도 있고 남도 있으며, 나는 광활한 우주 속에서 먼지 한 톨에 불과한 미천한 존재일 뿐이다. 그러나 생각을 거두어 주관적 시점에서 세계를 바라보면 살아있는 존재는 오직 나 하나뿐이고, 우주 전체를 내 마음에 담을 수 있다. 주관의 세계에서는 내가 주인공이고 내가 절대자이며 내가 세상의 구심점이다. 그래서 ≪화엄경≫에서는 "마음과 부처와 중생, 이 세 가지는 차이가 없다(心佛及衆生 是三無差別)."고 가르치는 것이다. 업은 아이 3년 찾다가 고개를 돌려보고서 자기 등에 원래 아이가 업혀 있었음을 알게 되듯이, 객관적 시점을 거두고 주관적 시점을 회복할 때 우리는 누구나 내가 세상의 중심이었다고 알게 된다. 화엄의 일승을 자각한다.

명쾌하고 쉬운 불교

🪷 무아

 '불교'라고 할 때 떠오르는 교리는 무엇일까? 삼매, 윤회, 해탈, 업, 과보 …. 이슬람교나 기독교와 같은 서양의 종교와 비교할 때에는 이런 가르침들이 불교의 특징이 될 수 있을 것이다. 그러나 인도 종교 안에서 보면 이는 불교에만 있는 교리가 아니다. 힌두교든 자이나교든 인도 종교는 거의 모두 삼매를 훈련하고, 해탈을 추구하며, 업과 과보의 이치를 가르치고, 윤회를 당연시한다. 이들은 인도 종교 전체가 공유하는 교리들이다. 불교가 무엇인지 정확히 알기 위해서는 이런 교리를 해석하는 방식에서 여타의 인도종교들과 어떻게 다른지 구별할 줄 알아야 한다.

 인도는 물론이고 전 세계 어떤 종교나 사상, 철학에서도 전혀 볼 수 없는 불교 특유의 가르침이 있다. 바로 무아(無我)의 가르침이다. 윤회와 해탈, 업과 과보, 번뇌와 수행에 대한 불교의 이론들은 모두 무아의 가르침과 얽혀 있다. 무아란 문자 그대로 "내가 없다."는 뜻인데 산스끄리뜨 원어는 안아뜨만(anātman)으로 '안(an)'은 부정을 뜻하는 접두사이고 '아뜨만(ātman)'은 '자아' 또는 '실체'를 의미한다. 안아뜨만을 무아라고 번역하기도 하

지만 "내가 아니다."라는 의미에서 비아(非我) 라고 번역하기도
한다.

초기불전을 보면 무아를 가르칠 때 으레 등장하는 정형구가 있
다. 우리의 심신을 '눈(眼), 귀(耳), 코(鼻), 혀(舌), 몸(身), 생각
(意)'의 여섯으로 나눈 후 그 어디에도 자아가 없다는 점을 역설
하는 다음과 같은 경구다. "눈(眼)은 내가 아니다(非我). 눈과 별
도로 내가 있는 것이 아니다(非異我). 눈 속에 내가 있거나 내
속에 눈이 있는 것이 아니다(不相在)." …… "몸(身)은 내가 아니
다. 몸과 별도로 내가 있는 것이 아니다. 몸속에 내가 있거나 내
속에 몸이 있는 것이 아니다.", "생각(意)은 내가 아니다. 생각과
별도로 내가 있는 것이 아니다. 생각 속에 내가 있거나 내 속에
생각이 있는 것이 아니다."

이와 같은 통찰이 완성되면 눈이나 귀, 코, 혀, 몸, 생각의 여섯
가지 가운데 그 어떤 것에 대해서도 '나'라든지 '나에게 속한 것'
이라고 집착하지 않게 되고 번뇌가 사라져서 열반을 얻는다. 그
리고 다음과 같이 노래한다. "이제 나의 삶은 모두 끝났다(我生
已盡). 고결하게 살았고(梵行已立) 할 일을 마쳤으니(所作已作)
다음 생을 받지 않을 것을 나 스스로 아노라(自知不受後有)." 이
를 '해탈지견(解脫知見)'이라고 부른다. '번뇌의 속박에서 벗어

났다는 자각'이다. '탐욕, 분노, 우치, 교만 등의 번뇌가 사라졌다는 자각'이다. 번뇌가 사라지면 내생에 다시 태어나지 않는다. 세상에 맺힌 한(恨)이 모두 풀렸기 때문이다. 감정적으로도 세상에 대해서 미련이 없고 지적(知的)으로도 미진한 것이 없기 때문이다. 이렇게 번뇌의 뿌리를 모두 뽑아버린 수행자를 아라한이라고 부른다. 아라한은 죽은 후 적멸에 든다. 열반이다.

　무아에 대한 통찰은 깨달음에 이르는 출발점이다. 무아는 도그마가 아니다. 사상이 아니다. 세상을 '있는 그대로' 관찰해서 얻어지는 조망이다. 누구나 다시 발견할 수 있는 생명의 진상이다. 너무나 당연한 얘기지만 조금 전의 나와 지금의 내가 같고, 어제의 나와 오늘의 내가 같으며, 10년 전의 나와 지금의 내가 같아야 "내가 존재한다."거나 "자아가 있다."고 말할 수 있다. 그런데 몸과 마음의 요소들을 하나하나 검토해 보니 단 하나도 영원한 것이 없다. 단 하나도 불변인 것이 없다. 모든 것이 무상하다. 그래서 '무아'인 것이다.

　만일 자아가 있다면 내 몸 가운데 어딘가에 있어야 할 것이다. 우리의 몸은 근육, 피부, 신경, 뼈, 위장, 간, 심장, 뇌 등으로 이루어져 있다. 그런데 현대과학의 발달로 이들 모든 장기와 기관들이 1년이 못 되어 완전히 쇄신된다는 점을 알게 되었다. 방사성동위원소로 표식을 한 음식물을 이용하여 추적해 보니 근육이나 피부는 한 달이면 완전히 바뀌고 '위장 벽'은 5일 정도, 뼈는 6개월이 지나면 새로 섭취한 음식물의 성분으로 대체된다고 한다. 흔히 뇌세포는 한 번 파괴되면 재생되지 않는다고 한다. 물론 대개는 그렇다. 그러나 이는 세포차원의 일이다. 원자와 분자 차원에서는 뇌 역시 계속 쇄신된다. 뇌가 완전히 대체되는 데 1년 정도 걸린다고 한다. 1년 전의 내 몸은 지금 거의 남아 있지 않다. 지금의 내 몸은 1년 이내에 섭취한 음식물들이 변한 것이다. 1년 전의 내 손톱이나 머리칼이 모두 깎여서 쓰레기통에 들어갔듯이 1년 전의 내 눈, 귀, 코, 혀, 몸, 심장, 창자, 뇌, 뼈, 근육, 피부 모두 노폐물로 변하여 모두 배출되었다. 제행무상(諸行無常)이다. 지어진 것은 모두 무상하다. 그 떤 것도 '영원한 나'일 수 없다.

　그런데 이렇게 몸이 내가 아니고, 몸 어디에도 내가 없다는 점이 확실하기에 몸과는 다르게 영혼과 같은 별도의 '진정한 나'가 존재한다고 생각할 수 있다. 또 과거를 회상할 수 있기에 기억이 새겨지는 '불변의 자아'가 있을 것이라고 추측하기도 한다. 세친(世親)이 저술한 『구사론』의 「파집아품(破執我品)」에서 논적은 '옛 일을 회상할 수 있다는 점'을 근거로 들면서 자아가 존재한다고 주장한다. 논적은 묻는다. "만일 자아는 없고 모든 것이 한 찰나만 존재한다면 예전에 경험했던 것을 회상하는 일이 어떻게 가능하겠는가?" 이에 대해서 세친은 "회상이란 예전과 똑같은 조건 속에 있는 어떤 대상에 대한 새로운 의식이다."라고 대답한다. 불변의 자아가 있어서 자아에 새겨진 과거의 기억을 불러내는 것이 아니다. 예전에 체험했던 것과 동일한 상황에서 일어나는 새로운 의식에 대해서 우리는 '기억'이라든지 '회상'이라는 이름을 붙일 뿐이다. 과거의 기억을 우리의 마음 어딘가에 각인했다가 회상을 통해서 꺼내는 것이 아니다. 무언가를 기억하는 것도 하나의 과정이고 나중에 그것을 회상하는 것도 하나의 과정일 뿐이다. 기억도 무상하고 회상도 무상하다. 무상한 흐름 속에 일어나는 과정이지 실체가 있는 것이 아니다.

이렇게 몸과 마음 그 어디를 뒤져봐도 불변의 자아는 없다. 존재하는 것은 부단히 흘러가는 심신 현상의 흐름일 뿐이다. 이를 자각할 때 '내'가 증발하기에 나를 향해 당기는 마음인 탐욕이나, 나로부터 밀치는 마음인 분노 역시 사라진다. 구심점이 없어졌기 때문이다. 탐, 진, 치 삼독의 뿌리는 "내가 있다."는 착각이다. 무아를 모르는 치심(癡心)이다.

그런데 이렇게 무아를 이해할 때 명심할 점이 있다. 무아가

"내가 아예 없다."는 가르침이 아니라는 점이다. '나'인 이쪽에서 체험되는 심신의 흐름조차 부정하는 것은 아니라는 점이다. '나' 인 이쪽에서 일어나는 심신의 흐름을 '자상속(自相續)'이라고 부르고, '남'인 저쪽에서 일어나는 심신(心身)의 흐름을 '타상속(他相續)'이라고 부른다. 예를 들어 보자. 갈대밭에 불이 났을 때 이곳저곳으로 불길이 이동하는 것 같이 보이지만 엄밀히 보면 매 순간 새로운 갈대를 태우며 불길이 번진다. 이때 "불길의 흐름이 아예 없다."고 해도 옳지 않고 "이곳의 불길과 저곳의 불길이 동일하다."고 해도 옳지 않다. 이와 마찬가지로 매 순간 변화하는 심신의 흐름 속에 '불변 주체'가 없다는 의미에서 무아(無我)인 것이지 그런 흐름조차 아예 없다는 것이 아니다. 또 이 불길과 저 불길이 다르듯이 나의 심신의 흐름과 남의 심신의 흐름은 엄연히 다르다. '불변의 나'는 없지만 '자상속의 흐름'은 있고, '불변의 남'은 없지만 '타상속의 흐름'은 있다. 행위자는 없지만 행위는 있어서 제각각 업을 짓고 과보를 받는 윤회의 파노라마를 엮어낸다.

🪷 중도

보리수 아래에서 깨달음을 얻은 석가모니 부처님께서는 멀리 녹야원을 찾아가 다섯 비구에게 첫 번째 가르침을 베푸셨다. 초전법륜이었다. 부처님께서는 다음과 같이 말씀하셨다. "비구들이여, 세속을 떠난 자가 탐닉해서는 안 되는 두 가지 극단이 있느니라. 그것은 무엇인가? 하나는 감각적 욕망의 대상에 빠지는 것이니라. 그것은 졸렬하며 저급하고 속되며 비천하고 이롭지 않느니라. 다른 하나는 고행에 집착하는 것이니라. 그것은 고통스럽고 비천하며 이롭지 않느니라. 여래는 이런 두 가지 극단에서 벗어나 중도(中道)를 깨달았느니라. 중도는 보게 해 주고 알게 해 주며, 평온과 통찰과 보리와 열반으로 인도한다. 그러면 여래가 깨달아서, 보게 해 주고 알게 해 주며 평온과 통찰과 보리와 열반으로 인도해 주는 중도란 무엇인가? 그것은 여덟 가지 성스러운 길로, 올바로 알고 올바로 생각하며 올바로 말하고 올바로 행동하며 올바로 생계를 유지하며 올바로 노력하며 올바로 살피고 올바로 집중하는 것이니라." 석가모니 부처님의 첫 설법은, 깨달음을 위한 수행에서 쾌락과 고행의 양 극단을 배격하라는 중도의 가르침이었고 이를 팔정도(八正道)라고 부른다.

부처님의 첫 설법 이후 2,500여 년 지난 어느 날 대한민국의 합천 해인사에서 장대한 법석이 열렸다. 근 30년의 은둔수행을 마친 성철 큰스님께서 1967년 해인사 방장으로 취임하자 동안거 기간에 선방 수좌와 학인 스님 등을 대상으로 불교 교학 전반에 대한 강의를 개최하셨던 것이다. '전설(傳說)의 백일법문(百日法門)'이었다. 스님께서는 초기불교에서 시작하여 선불교에 이르기까지 불교 전체를 '중도(中道)'로 엮어서 해설하셨다. 당시 스님의 법문은 모두 녹취되었고 20여 년의 세월이 흐른 뒤에 『백일법문』이라는 제목의 책으로 묶여서 세간에 선을 보였다. 부처님의 첫 설법 이후 기나긴 세월이 흘러서 시대와 지역과 언어가 모두 달라졌지만 불교의 핵심이 중도에 있다는 통찰만은 그대로 계승되었다.

중도는 두 가지로 구분된다. 하나는 실천적 중도이고 다른 하나는 사상적 중도다. 실천적 중도는 석가모니 부처님께서 첫 설법에서 가르치신 쾌락과 고행을 배격하는 중도의 수행, 즉 팔정도의 수행이다. 여기서 말하는 쾌락에는 세속적인 쾌락, 동물적인 쾌락은 물론이고 '종교적 쾌락'인 '삼매의 즐거움(三昧樂)' 역시 포함된다. 싯다르타 태자는 출가 후 알라라 깔라마라는 수행자에게서 '무소유(無所有)삼매'를 배우고, 웃따까 라마뿟따라는 수행자에게서는 '비상비비상(非想非非想)삼매'를 배웠지만 그 모두 태자가 추구하던 궁극적 깨달음이 아니었다. 마음이 편안한 것은 삼매에 들었을 때일 뿐이고 삼매에서 깨어나면 다시 번뇌가 일어나기 때문이었다. 삼매의 수행을 버린 싯다르타 태자는, 굳은 결심으로 다섯 친구들과 함께 고행에 들어갔다. 번뇌의 뿌리인 육체를 괴롭히면 마음의 평안을 얻을 수 있을 것이라고 기대했기 때문이었다. 하루에 깨 한 톨과 쌀 한 톨만 먹으며 연명하였다. 손으로 배를 만지면 등뼈가 닿을 정도로 피골이 상접하였다. 황금빛이었던 몸은 검게 변했다. 그 모습은 노인과 다를 게 없었다. 죽음을 각오한 처절한 고행이었다. 그러나 아무리 고행을 해도 번뇌는 사라지지 않았다. "태어난 존재는 왜 모두 죽어야 하는지?" "모든 생명은 어째서 약육강식의 고통 속에 살아가야 하는지?" 싯다르타 태자는 고행 역시 중단하였다. 그리곤 강가로 내려가 우유죽으로 기운을 차리고 보리수 아래에 마른 풀을 깔고 앉아 선(禪) 수행을 시작한다. 극단적인 삼매도 아니고 처절한 고행도 아닌 중도의 수행이었다.

선은 누구에게 배운 것이 아니었다. 열두 살 어린 나이에 아버지 정반왕과 함께 농경제에 참석했을 때 벌레가 새에게 쪼아 먹히고, 그 새는 다시 큰 새에게 잡혀가는 비극적인 장면을 목격하면서 자연스럽게 젖어들었던 수행이었다. 모든 것을 '있는 그대로 통찰하는 수행'이었다. 가만히 바라보는 수행, 곰곰이 생각하는 수행이었다. 지극히 상식적인 수행이었다. 선은 산스끄리뜨어로는 댜나(dhyāna), 빠알리어로는 자나(jhāna)의 음사어다. 원래 '선나(禪那)'라고 음사했는데 '나(那)'자가 탈락하여 '선(禪)'이 되었다. 뜻으로는 정려(靜慮)라고 번역한다. '곰곰이 생각함'에서 '곰곰이'가 '정(靜)'이라면 '생각함'은 '려(慮)'다. '가만히 바라봄'에서 '가만히'가 '정'이라면 '바라봄'은 '려'다. '마음을 멈추는 사마타(samathā, 止)'와 '모든 현상을 통찰하는 위빠사나(vipassanā, 觀)'가 함께 하는 '지관쌍운(止觀雙運)의 수행'이 선이다. '지(止)의 결과'는 '삼매인 정(定)'이고 '관(觀)의 결과'는 '반야인 혜(慧)'이기에 선을 정혜쌍수(定慧雙修)라고 부르기도 한다. "삼매와 지혜를 함께 닦는다."는 뜻이다. 물론 계(戒)가 뒷받침하는 정혜쌍수다. 요컨대 계, 정, 혜의 삼학(三學)이 선이다. 그리고 이는 초전법륜에서 중도의 수행으로 제시되었던 팔정도에 다름 아니다. 팔정도 가운데 '올바로 알고 올바로 생각하는 것(정견, 정사유)'은 삼학 중의 혜(慧)에 해당하고, '올바로 말하고 올바로 행동하며 올바로 생계를 유지하는 것(정어, 정업, 정명)'은 계

(戒), '올바로 노력하며 올바로 살피고 올바로 집중하는 것(정정진, 정념, 정정)'은 정(定)이다. 고행에 몰두하지도 않고, 삼매에 탐닉하지도 않는 중도의 수행이 선이고 팔정도다. 세상을 있는 그대로 통찰하는 수행이다.

고행과 삼매를 배격한 실천적 중도의 수행이 선이라면, 사상적 중도는 이런 선 수행을 통해서 얻어진 통찰로 단적으로 말하면 '흑백논리에 대한 비판'이다. 있음과 없음(有, 無), 이어짐과 끊어짐(常, 斷), 같음과 다름(一, 異) 등과 같은 이분법적(二分法的) 사유에 대한 비판이다. 이런 통찰은 "모든 것이 의존적으로 발생한다."는 연기(緣起)의 가르침에 근거한다. 예를 들어서 씨앗에서 싹이 나올 때 싹은 씨앗에 의존(緣)하여 발생한다(起). 연기하는 것이다. 이때에 애초의 씨앗과 나중의 싹이 완전히 동일한 것도 아니고 다른 것도 아니며(不一不異), 씨앗이 싹으로 그대로 이어지는 것도 아니고 완전히 단절된 것도 아니며(不常不斷), 싹 속에 씨앗이 그대로 남아 있는 것도 아니고 아예 없는 것도 아니다(非有非無). 씨앗에서 싹이 나올 때 양자의 관계는 이렇게 중도적이다. 이와 마찬가지로 우리가 체험하는 세상만사는 모두 연기한 것이며 중도적이다. 내가 경험하는 행복과 불행은 원래 세상에 실재하는 것이 아니라 과거나 전생에 지었던 선업이나 악업의 결과다. 행복과 불행이 나중에 발아한 '싹'이라면 선업이나 악업은 앞서서 심었던 '씨앗'에 해당한다. "착하게 살면 행복이 온다."는 선인락과(善因樂果), "악하게 살면 불행이 온다."는 악인고과(惡因苦果)의 가르침은 '씨앗에 해당하는 업'과 '싹에 해당하는 과보' 사이의 중도적 관계, 즉 연기 관계에 근거한다. 그런 연기관계를 보다 상세하게 풀어놓은 가르침이 바로 십이연기설(十二緣起說)이다. 십이연기설의 열두 가지 항목들 각각에서 앞과 뒤의 관계는 이어진 것도 아니고 끊어진 것도 아니며(不常不斷), 같은 것도 아니고 다른 것도 아니다(不一不異). 마치 씨앗과 싹의 관계가 그렇듯이 …. 그래서 십이연기설을 '단견(斷見)과 상견(常見)을 떠난 중도의 설법'이라고 부르는 것이다.

실천적 중도인 선 수행을 통해서 생명과 세계의 실상에 대해 있는 그대로 관찰할 때, '흑백논리에 의해 작동하는 우리의 생각이 모두 잘못된 것'이라는 사상적 중도의 통찰이 얻어진다. 또 '괴로움과 즐거움 등 우리가 체험하는 모든 것들이 확고불변한 것이 아니라 조건이 모여서 만들어진 것'이라는 연기(緣起)의 이치를 자각하게 된다. 그 전까지 실재라고 생각되었던 인식과 존재에 대한 모든 고착이 사라지는 것이다. 그 때 우리의 인지(認知)와 감성은 이분법에서 벗어난다.

선불교에서는 이런 자각을 견성(見性)이라고 부른다. "불성 (佛性)을 보았다(見)."는 뜻이다. 간화선 수행자는 '무(無)'자 화 두를 들면서 그 마음을 중도로 몰고 간다. 한 제자가 조주(趙州) 스님께 여쭈었다. "개에게도 불성이 있습니까?" 조주 스님께서 대답하셨다. "없다(無)!" 『열반경』에서는 "모든 중생에게 불성이 있다."고 했기에 원래는 "있다."고 답해야 한다. 그런데 조주 스 님께서는 "없다."고 의외의 대답을 하셨다. 왜 없다(無)고 했을 까? 참으로 궁금하지 않을 수 없다. '구자무불성(拘子無佛性)'의 화두다. "왜 무(無)라고 했을까?", "무~ 무~ 무…" 계속 의심을 품는다. 그런데 이 때 '무'라는 대답을, 우리가 알고 있는 통상적 인 '무'라고 이해해서는 안 된다. 그렇다고 해서 '유'라고 이해해 서도 안 된다. 간화선을 창시한 대혜(大慧) 종고(宗杲) 스님의 조언이다. 화두를 들 때 그 생각이나 마음이 흑백논리의 양 극단 에 빠져서는 안 된다는 것이다. 그 때 우리는 중도를 자각한다. 탈이분법(脫二分法)에 대한 자각이다. 생각과 감성에서 분별과 차별의 선이 지워진다. 견성이다.

견성한 수행자, 중도를 체득한 수행자는 삶과 죽음을 분별하던 '인지의 이분법'에서 벗어났기에 종교적 철학적 고민이 모두 해 소된다. 눈을 훤히 뜨고 있는 이 순간에 죽음을 초월하는 것이다.

성도하신 부처님께서 "나는 불사(不死)를 얻었다."고 외치셨듯
이 …. 또 나와 남을 구분하던 '감성의 이분법'에서 벗어났기에
타인의 고통, 다른 생명체의 고통을 방관하지 않는다. 동체대비
(同體大悲)의 마음이다. 빈부차별, 남녀차별, 인종차별 등의 차
별을 타파하려는 정의감 역시 중도의 사회적 실천에 다름 아니
다. 불교의 수행과 깨달음과 실천 모두 중도로 일관한다. 탈이분
법의 '한 맛(一味)'이다.

🪷 십이연기

불교는 연역의 종교다. 부처님께서 발견하신 '연기(緣起)의 법
칙'에 근거하여 불교의 세계관과 인생관과 가치관은 물론이고 불
교적인 인식론과 존재론, 윤리와 실천이 모두 도출되기 때문이
다. 뉴턴이 발견한 '만유인력의 법칙'이나 아인슈타인의 '상대성
원리' 모두 이 세상을 지배하는 법칙이긴 하지만, 그 대상은 물질
의 영역에 국한한다. 그러나 '연기의 법칙'은 물질의 세계는 물론
이고 우리의 감정과 생각, 삶과 죽음, 앎과 행위 등 모든 것을
지배하는 '유일무이의 법칙'이다. 연기는 '의존적 발생'이라고 풀
이된다. 이 세상의 모든 것은 연기한다. 서로 의존하여 발생한다.
그런데 연기하는 모든 것 가운데 '생명체'에서 일어나는 연기에
대해서 설명하는 것이 바로 십이연기설(十二緣起說)이다. 십이
연기에서는 '생명체'에서 일어나는 모든 일들의 의존적 관계를
열두 가지 사건으로 요약한다. 각 사건에 번호를 붙여서 순서대
로 나열하면 다음과 같다. "①무명(無明)→②행(行)→③식(識)↔
④명색(名色)→⑤육입(六入)→⑥촉(觸)→⑦수(受)→⑧애(愛)→
⑨취(取)→⑩유(有)→⑪생(生)→⑫노사(老死)" 무명(①)에 의존

하여 행(②)이 있고, 행(②)에 의존하여 식(③)이 있으며 … 유
(⑩)에 의존하여 생(⑪)이 있고 생(⑪)에 의존하여 노사(⑫)가 있
다는 가르침이다.

　'죽음'에 대한 의문을 품고서 출가한 싯다르타 태자는 그 당시
인도종교계에 퍼져 있던 다양한 수행들을 체험한 후 그 모두를
버리고 보리수 아래 마른 풀을 깔고 앉아 곰곰이 생각하기 시작
한다. 말하자면 선(禪) 수행을 시작한 것이었다. "어째서 죽음이
있는가?" "어째서 모든 생명체는 늙어 죽어야 하는가(⑫老死)?"
그러던 중 해답을 찾았다. 살아있기 때문이었다(⑪生). 살아 있
는 존재만이 늙어 죽을 수 있다. 삶이 있기에 죽음이 있다. 너무
나 당연한 해답이었다. 그러나 의문은 여기서 끝나지 않았다. "그
러면 도대체 왜 살아 있는 것일까?" 싯다르타 태자는 자신이 태
어나 살아온 과정을 회상하면서 과거로 거슬러 올라가기 시작하
였다. "지금 이 몸에서 마음(③識)이 작동하듯이 수정란(④名色)
에 마음이 깃들면서 나의 삶은 시작되었다. 마음이 깃들기에 수
정란이 자라나고, 수정란이 있기에 마음이 깃들 수 있다. 수정란
과 마음은 이렇게 서로 의존한다(③識↔④名色). 그러면 그런 마
음은 어째서 있게 된 것일까?" 싯다르타 태자는 골똘히 생각에
잠겼다. 그러나 어머니의 자궁 속 수정란에 자신의 마음(③識)이

처음으로 깃들게 된 원인을 알 수가 없었다. 후대 선가(禪家)의 용어로 표현하면, '부모에게서 아직 태어나기 전의 본래 면목(父母未生前本來面目)'을 알 수가 없었다. 삶과 죽음의 근본 원인에 대해서 추궁하던 태자의 생각은 그 이상의 과거로 소급해 들어갈 수 없었다(不能過彼). '마음인 식'에 다다른(齊) 후 생각은 선회하였던 것이다(齊識而還). 확실하게 알 수 있는 것은 '마음인 식(③識)'에서 죽음(⑫老死)에 이르는 열 단계의 일들뿐이었다. 이렇게 노사에서 소급하다가 식에서 멈춘 연기, 또는 식에서 시작하여 노사에서 끝나는 '열 단계의 연기'를 '제식연기(齊識緣起)'라고 부른다.

　태자는 다시 깊이깊이 생각하였다. 호흡이 잦아질 정도로 마음을 가라앉히고 마음(③識)이 생기게 된 원인에 대해서 추궁하였다. 곰곰이 생각하는 지관쌍운(止觀雙運), 정혜쌍수(定慧雙修)의 수행이 무르익을 대로 무르익어서 호흡조차 멈춘 제4선의 경지였다. 그러던 어느 날 저녁 숙명통(宿命通)이 열리면서 자신의 전생을 모두 기억할 수 있게 되었다. 그리고 시간이 흘러 자정이 되었을 때 천안통(天眼通)이 열려서 인과응보의 법칙을 발견하면서 마음(③識)의 근원을 알게 되었다. 마음(③識)은 전생의 업, 즉 '행(②)'으로 인해서 형성된 것이었다. 그리고 새벽이 되어 샛

별이 떠오를 때 모든 번뇌가 사라지면서 '괴로움(苦)'과 '괴로움의 원인(集)'과 '괴로움의 소멸(滅)'과 '괴로움을 소멸시키는 길(道)'을 있는 그대로 알고 모든 욕망과 번뇌에서 해방되었다. 사성제(四聖諦)의 진리를 투철하게 앎으로써 깨달음이 열렸다. '무명(①)'이 완전히 타파된 것이다. 누진통(漏盡通)이었다. 누진통이란 '번뇌(漏)가 모두 사라진(盡) 신통력'이란 뜻이다. 이렇게 숙명통, 천안통, 누진통의 '세 가지 신통력(三明)'이 열리면서 십이연기에서 '식(③)' 이전의 두 단계인 '무명(①)'과 '행(②)'을 모두 발견하였다. 성도의 순간이었다. 싯다르타 태자는 부처님이 되셨다.

인간뿐 아니라 짐승이든, 천신이든, 아귀든 살아 있는 모든 것들은 십이연기의 방식으로 탄생과 죽음 되풀이 하면서 윤회한다. 시작도 모르고 끝도 모르고, 인과응보도 모르고, 삼보도 모르고, 사성제도 모르고, 선악도 모르고, 연기도 모르는 어리석음이 '무명(①)'이다. 생명과 세계의 실상에 대한 무지다. 이런 어리석음 때문에 탐욕이나 분노와 같은 번뇌를 일으키고 갖가지 업을 짓는다. 십이연기의 두 번째 단계인 '행(②)'이다. 행에는 복행(福行), 비복행(非福行), 부동행(不動行)의 세 가지가 있다. 복행은 복을 받게 하는 행동으로 선행을 의미하며 비복행은 그와 반대되는 행

동이다. 부동행은 삼계 가운데 색계나 무색계와 같은 '선정(禪
定)의 세계'에 태어나게 하는 행이다.

무명(①)으로 인해서 이렇게 복, 비복, 부동행을 지으며 살아갈
때(②), 나의 모든 행위들이 낱낱이 씨앗과 같이 변하여 마음인
식(③)에 계속 저장된다. 그리고 죽음을 맞이하고 다시 다음 생
이 시작된다. 그때 전생에 지었던 '업의 씨앗들'을 간직한 식(③)
은 현생의 부모가 성교하는 순간에 수정란에 깃들어, 어머니의
자궁 속에서 명색(④)으로 자라난다. 그러다가 임신 5주가 되면
태아에 눈, 귀, 코와 같은 감관이 생긴다. 아직 기능은 못한다.
이런 태아의 단계를 육입(⑤)이라고 부른다. 육입의 단계는 출산
할 때까지 이어진다. 인간의 경우 열 달이 차면 태아는 어머니의
몸 밖으로 나온다. 처음에는 보지도 듣지도 못하지만 며칠이 지
나면서 귀가 들리고 눈이 보인다. 감관을 통해서 외부대상과 접
촉을 시작하는 것이다. 촉(⑥)의 단계다. 외부대상을 감각하면서
동시에 그에 대한 괴로움과 즐거움을 느낀다. 이를 수(⑦)라고
부른다. 수의 단계는 사춘기 이전까지 이어진다. 어린아이의 삶
이다. 그러다가 몸이 성적(性的)으로 성숙하면 2세를 생산하기
위한 음욕이 생긴다. 인간도 그렇지만 소도 그렇고 닭도 그렇다.
개구리에게도 사춘기가 있고 바퀴벌레에게도 사춘기가 있다. 애

(⑧)의 단계다. 애에는 세 가지가 있다. 동물적 욕망인 욕애(欲愛), 내생에 또다시 존재하고 싶은 욕망인 유애(有愛) 그리고 '상대적 고통'으로 인해서 '자살하고 싶은 욕망'인 무유애(無有愛)의 셋이다. 내생에 하늘나라에 다시 태어나고 싶은 '종교적 욕망' 역시 유애에 속한다. 그리고 이런 욕망들을 구체화 한 것이 취(⑨)다. 취에는 동물적 욕망을 그대로 발현하고자 하는 욕취(欲取), 잘못된 세계관이나 종교관을 굳건히 신봉하는 견취(見取), 외도의 종교의례나 규범을 준수하고자 하는 계금취(戒禁取), 나와 나에게 속한 것에 집착하는 아어취(我語取)의 네 가지가 있다. 취는 말하자면 세계관이나 종교관을 의미한다. 그리고 이러한 네 가지 세계관에 근거하여 업을 지으며 살아가는 것이 유(⑩)다. 유는 생존이라고 번역되며, 삼계 가운데 어느 곳에 태어날 업을 지으며 살아가는가에 따라서 욕유(欲有), 색유(色有), 무색유(無色有)의 세 가지로 구분된다. 먹는 것과 섹스를 즐기면서 명예와 재물을 추구하는 동물적 삶은 욕유의 삶이다. 이성(異性)에 대한 욕망을 끊어버리고 선정을 닦으면서 삶과 세계에 대해 통찰하며 살아가는 것은 색유의 삶이다. 이성은 물론이고 지적인 통찰도 멈추고 오직 정신적인 삼매의 경지만 추구하면서 사는 것은 무색유의 삶이다. 모든 생명체는 이 가운데 자신이 희구하는

삶을 살아가다가 늙어 죽는다. 그리곤 내생에 다시 욕계나, 색계
나 무색계에 태어났다가(⑪생) 늙어죽는(⑫노사) 삶을 무한히 되
풀이 한다. 무명을 타파하지 못한 이상 그렇다는 말이다. 열반하
지 못한 이상 그렇다는 말이다. 이를 십이연기의 '유전문(流轉
門)'이라고 부른다. 윤회 속에서 '흘러가고 굴러가는 과정'이란
뜻이다. 인간이든, 짐승이든, 하늘나라의 천신이든 눈에 보이지
않는 아귀든 목숨을 가진 모든 것들이 살아가는 공통된 모습이
다. 사성제 가운데 번뇌인 '집(集)'으로 인해서 '고(苦)'가 발생하
는 과정이다. 무명에서 시작하여 노사에서 끝나는 열두 가지 사
건들의 '발생시점'은 전생과 현생과 내생으로 '나뉘어(分)' 펼쳐
져 있지만, 그 모두 지금의 한 찰나에 동시에 작용하기도 한다.
전자와 같은 조망을 '분위(分位)연기', 후자를 '찰나연기'라고 부
른다.

   그러나 연기를 자각하여 무명(①)이 타파되면 더 이상 업을 짓
지 않는다. 행(②)이 사라지는 것이다. 부처님께서 "45년간 한 말
씀도 하지 않았다."고 하셨듯이 말을 해도 말을 하는 것이 아니
며 행동을 해도 행동을 하는 것이 아니다. 따라서 업(②行)의 씨
앗이 더 이상 마음(③識)에 저장되지 않는다. "무명(①)이 멸하면
행(②)이 멸하고, 행이 멸하면 식(③)이 멸하며 … 생(⑪)이 멸하

면 노사(⑫)와 슬픔과 괴로움과 번민이 모두 사라진다."는 십이연기의 환멸문(還滅門)이다. 사성제 가운데 계정혜(戒定慧)의 '도(道)'를 통해서 '멸(滅)'을 증득하는 과정이다. 공성(空性)의 체득이다. 마음의 평화다. 열반이다.

🪷 공

'색즉시공(色卽是空).' 수 년 전 상영되었던 '19금(禁)'의 영화 제목이다. 《반야심경》의 경문을 우리 사회에 널리 알렸다는 점에선 긍정적 역할을 했지만, '색'의 뜻을 오해하게 만들었다. 색즉시공에서 '색'은 영화제목의 암시와 달리 '동물적인 매력'을 뜻하는 말이 아니다. '색'은 '물질' 또는 '형상'을 의미하며 '공'은 "실체가 없다."는 뜻으로, 색즉시공은 "물질 또는 형상에는 실체가 없다."는 가르침이다.

초기불전에서 부처님은 '우리가 체험하는 모든 것'을 색(色), 수(受), 상(想), 행(行), 식(識)의 다섯으로 분류하셨다. 그 모든 것들이 무상(無常)하며, 괴로운 것이며, 나도 아니고, 나에게 속한 것도 아니며, 공(空)하다는 진상을 그대로 알아서 모든 것에 대한 집착에서 떠나면 마음이 편안해진다는 점을 가르치시기 위해서였다. 열반을 체득케 하기 위해서였다.

색은 '물질이나 형상', 수는 '괴롭거나 즐거운 느낌', 상은 '고정관념과 같은 생각', 행은 '의지와 같은 조작', 식은 '이 모두를 파악하는 마음'을 의미한다. 이를 '오온(五蘊)'이라고 부른다. 요새 말로 풀면 처음에 거론한 '색'은 '객관 대상'이고, 마지막의 '식'은 '주관적 인식'이다. 그리고 '수(느낌)', '상(생각)', '행(의지)'은 주관인 '식'에서 일어나는 2차적인 심리작용들이다. 이런 다섯 무더기, 즉 오온이 순간순간 변하면서 내가 체험하는 세상만사를 구성한다. 이 가운데 절대 변하지 않으며, 언제나 행복을 주는 것을 발견할 수 있다면, 그것을 추구하면서 살아가는 것이 바람직할 것이다. 그러나 그 어떤 것도 영원하지 않다. '세속적 쾌락'도 그렇지만 '신앙의 기도'나 '요가 삼매'와 같은 종교 생활을 통해 어떤 체험을 해도 행복은 그때뿐이다. 이 역시 '여러 가지 조건이 모여 만들어진 체험'이기에 '조건이 흩어지면 사라진다. '독특한 종교적 체험'이 영원하기를 바라는 것은 인간의 '희망 사항'일 뿐이다. 진정한 행복은 그런 식의 체험을 추구하는 것이 아니라, 그 모든 것에서 벗어남으로써 얻어진다. 요컨대 과거든 현재든 미래든 모든 것에 대한 애착(탐)과 분노(진)와 착각(치)에서 벗어날 때 진정한 행복이 온다. 오온 가운데 색이든, 수든, 상이든, 행이든, 식이든 우리가 체험하는 모든 것의 '문제점'을 있는 그대로 알아서 그에 대한 집착에서 벗어날 때 마음이 평화로워진다. 이런 평화는 '짜릿한 기쁨'이나 '신비한 감동'과 같은 상대적 행복이 아니다. 이 세상에 맺힌 것이 없기에 '죽어도 좋은 편안함'이다. 잔잔한 절대적 행복이다. 열반적정(涅槃寂靜)의 편안함이다. 초기불전의 가르침이었다.

부처님께서 열반하신 후 이런 가르침을 체계적으로 정리하는 작업이 이루어졌다. 이를 아비달마(阿毘達磨)불교라고 부른다. 아비달마란 산스끄리뜨어 아비다르마(abhidharma)를 음사한 말이다. '아비(abhi)'는 '~에 대한'을 의미하고 '다르마(dharma)'는 '법(法)'을 뜻하기에, 아비달마를 '대법(對法)'이라고 한역하기도 한다. '법에 대한 체계적 해석', '가르침에 대한 체계적 해석'이 아비달마다. 부처님께서 열반하신 후 세월이 흐르면서 수많은 아비달마 문헌들이 제작되었다. 그런데 아비달마 문헌을 통해 부처님의 가르침을 정리하는 과정에서 해석의 차이로 인해 대립이 일어나기 시작하였다. 의견이 같은 수행자들끼리 별도로 모이면서 부파를 형성하였다. 상좌부, 대중부로 두 개의 부파가 갈렸다가 다시 2차적인 분열이 일어나면서 경량부, 정량부, 독자부, 설일체유부 등 20여 부파가 난립하였다. 그래서 '아비달마불교'를 '부파불교'라고 부르기도 한다. 부파불교, 아비달마불교에서는 부처님께서 가르치신 '법'의 정체에 대해서 세밀하게 분석하였다. 예를 들어 초기불전에 실린 '제행무상(諸行無常)'의 가르침을 "모든 유위법들은 생(生), 주(住), 멸(滅)의 세 가지 특징을 갖는다."

라고 보다 정밀하게 표현하였다. 무아와 윤회의 상충을 해결하기 위해서 오온과 같지도 다르지도 않은 '보특가라(pudgala)'라는 윤회의 주체를 고안하기도 하고, 업의 상속을 설명하기 위해서 '종자(種子)'의 비유를 도입하기도 하였다. 아비달마 시대, 부파불교 시대가 되면서 부처님의 가르침이 점점 번쇄해지기 시작하였다.

제행무상이든, 오온이든, 윤회든, 업이든 부처님의 모든 가르침은 마치 '강을 건널 때 사용하는 뗏목'과 같은 '수단'일 뿐이고 가르침의 취지는 세속에 대한 집착에서 벗어나 마음의 평화(열반적정)를 얻는 것이었는데, 아비달마불교도들은 그 취지는 망각하고 '수단'에 집착하였다. 부처님의 가르침은 뗏목과 같다. 뗏목을 타고서 강을 건너 저편 언덕에 도달했으면 뗏목에서 내려야 한다. 이와 마찬가지로 '부처님의 말씀'을 통해 세속에 대한 모든 집착에서 벗어나려면, 궁극적으로는 '언어화된 가르침'에 대한 고착에서도 벗어나야 한다. 그러나 아비달마불교도들은, 마치 뗏목을 타고서 강의 저 언덕에 도달한 후에도 뗏목에 집착하여 내리지 않는 어리석은 사람들처럼, 부처님의 언어 그 자체에 집착하면서 그 의미를 분석하고 설명하고 체계를 만드는 데 몰두하였다.

그 때 반야계(般若系) 경전들이 출현하여 수단과 목적이 전도된 아비달마 불교를 질타하였다. ≪반야심경≫에서는 말한다. 공중무색(空中無色), 무수상행식(無受想行識). "공의 경지에는 색도 실재하지 않고 수, 상, 행, 식도 실재하지 않는다!" 무안이비설신의(無眼耳鼻舌身意). "눈도 없고 귀도 없고 코도 없고 혀도 없고 몸도 없고 생각도 없다!"…… 무고집멸도(無)苦集滅道. "고, 집, 멸, 도의 사성제도 없다!" 무지역무득(無智亦無得). "지혜도 없고 도달도 없다!" 색수상행식의 오온, 안이비설신의의 육입(六入), 고집멸도의 사성제(四聖諦) 등과 같은 '가르침의 뗏목'을 타고 피안의 세계, 공의 세계에 도달했으면, 빨리 뗏목에서 내리라는 재촉인 것이다. 왜냐하면 공의 경지인 피안의 세계, 즉 열반의 언덕에는 '언어화 된 가르침'조차 없기 때문이다. 반야계 경전에서는 이렇게 "부처님 가르침(法)조차 공하다."는 점을 역설한다.

그러나 그런 공의 경지, 피안의 세계, 열반의 언덕이 저 멀리 어느 다른 곳에 있는 것이 아니다. 삼매 속에서 체험하는 심오한 어떤 것도 아니다. 우리가 눈을 훤히 뜨고 살아가는 지금 이 순간 여기에 있는 모든 것이 그대로 공하다. 탄생과 죽음을 되풀이 하는 윤회의 세계가 그대로 열반이다. 차안(此岸) 그대로가 원래 피안이었다. 사바세계의 이 언덕이 그대로 저 언덕이다. 그래서

≪반야심경≫에서는 '색불이공(色不異空)'이라는 선언 직후에 '공불이색'이라고 말한다. 색과 공이 다르지 않지만 공 역시 색에서 벗어난 별도의 어떤 것이 아니란 가르침이다. 또 '색즉시공'이라는 선언에 이어서 '공즉시색'이라고 말한다. 색이 그대로 공이지만, 그런 공이 별다른 어떤 것이 아니고 색 그 자체란 뜻이다. '색즉시공'의 경문이 공을 가르친다면, '공즉시색'은 공에 대한 오해를 시정한다. 우리가 체험하는 모든 것이 그대로 공하다. 모든 것이 지금 열반에 들어있다. 그래서 대승불교의 아버지라고 불리는 용수 보살의 ≪중론(中論)≫에서는 "열반은 세간과 조금도 구별되지 않는다."거나 "열반의 한계와 세간의 한계에는 털끝만큼의 차이도 없다."고 쓰고 있다. 색이 그대로 공이다. 세간이 그대로 열반에 들어 있다. 공이 그대로 색이다. 열반이 그대로 세간이다.

  "큰 방도 원래 없고 작은 방도 원래 없다. 긴 것도 원래 없고 짧은 것도 원래 없다. 예쁘거나 추한 것도 원래 없다." 이런 모든 '형상(色)'들은 비교를 통해서 만들어진 머릿속 '생각'들이다. 연기(緣起)한 것이다. 외부 세계에 원래 있는 것이 아니다. 실체가 없다. 공하다. 그래서 색즉시공이다.

  "눈도 원래 없다." 자기 자신을 볼 수 없기 때문이다. ≪중론≫

의 설명이다. 아무리 둘러봐도 내 눈이 보이지 않는다. 내 손도 보이고 코끝도 보이는데 내 눈은 보이지 않는다. 그래서 눈이 없다는 것이다. 거울에 비친 내 눈은 '진정한 눈'이 아니다. '눈에 비친 대상'이다. 눈을 '안근(眼根)', 눈에 비친 대상을 '색경(色境)'이라고 부른다. '거울에 비친 내 눈'은 '안근'이 아니라 '색경'에 속한다. 남의 얼굴에 달린 눈 역시 '색경'일 뿐이다. 손으로 만진 내 눈은 진정한 눈이 아니다. 촉감, 즉 촉경(觸境)에 속하는 감각일 뿐이다. 아무리 찾아봐도 진정한 눈인 안근, '보는 힘을 갖는 눈'을 발견할 수 없다. '눈'은 그 명칭만 있었지 실체는 없었다. 실재하는 것이 아니었다. 그래서 눈은 공하다. '무안이비설신의'라는 ≪반야심경≫의 경문 가운데 '무안(無眼)'에 대한 ≪중론≫의 논증이다.

"시간은 실재하지 않는다." 과거는 지나가서 없고, 미래는 오지 않아 없고, 현재는 과거와 미래의 틈에 끼어 있을 곳이 없다. 과거, 현재, 미래 모두 그 실체가 없다. "나도 없고 세상도 없다." "삶도 없고 죽음도 없다." 원래 아무것도 없다. '본래무일물(本來無一物)'이다. 모두 우리의 생각이 만든 것이다. 일체유심조(一切唯心造)다. 공이다.

🪷 삼계

"지심귀명례 삼계도사 사생자부 시아본사 석가모니불" 삼보에
대한 믿음과 성불의 다짐을 노래하는 예불문의 첫 구절이다. "삼
계(三界)를 이끄는 스승이시고, 사생(四生)의 자비로운 아버지
이신, 우리들의 근본 스승 석가모니 부처님께 지극한 마음으로
목숨 바쳐 예배 올립니다."라고 번역된다. 여기서 말하는 '사생'
이란 태생(胎生), 난생(卵生), 습생(濕生), 화생(化生)의 네 가지
방식으로 탄생하는 모든 중생을 가리킨다. 그리고 '삼계'는 이렇
게 네 가지 방식으로 탄생한 모든 생명체들이 윤회하는 현장이
다.

　삼계는 욕계(欲界), 색계(色界), 무색계(無色界)의 셋으로 이
루어져 있다. 욕계의 '욕(欲)'은 산스끄리뜨어로 '까마(kāma)'라
고 쓰는데 섹스(sex) 또는 동물적 욕망을 의미하며 색계나 무색
계의 '색(色)'은 물질이나 형상 또는 몸을 뜻한다. 욕계의 중생은
'남녀, 암수의 성(性)'과 '몸(色)'과 '정신'의 세 가지를 모두 갖고
태어나고, 색계에 태어난 중생의 경우 '성'은 사라지고 '몸'과 '정
신'으로 이루어져 있으며, 무색계의 중생은 몸조차 사라진 채 오

직 '정신적 삼매경' 속에서 살아간다. 인간이든, 짐승이든, '보이지 않는 귀신'이든 '하늘나라의 천신'이든, '살아 있는 것들'은 모두 다 삼계 속의 존재일 뿐이다.

윤회의 현장인 삼계를 천상(天上), 아수라, 인간, 아귀, 축생, 지옥의 육도(六道)로 세분하기도 한다. 인간이나 짐승은 남녀 또는 암수의 '성'과, '몸'과 '정신'을 모두 갖추고 있기에 욕계의 중생이다. 또 하늘나라 중에도 음욕(kāma)을 끊지 못한 천신들이 사는 여섯 하늘나라가 있다. 이를 육욕천(六欲天)이라고 부른다. 지구에서 가까운 곳으로부터 나열하면 사대왕중천, 도리천, 야마천, 도솔천, 화락천, 타화자재천의 여섯 곳이다.

먼저 사대왕중천은 수미산을 중심으로 동, 남, 서, 북에 위치한 네 군데의 하늘나라라고 한다. 각각의 하늘을 관장하는 천주(天主)가 사찰 입구에 모셔진 사천왕들이다. 불전을 보면 "태양이 수미산의 중턱을 돌아서 서쪽에서 져서 동쪽에서 나타난다."(『起世經』)고 하기에 수미산은 산과 같은 큰 흙덩어리, 즉 '지구'를 의미한다고 봐도 좋을 것이다. 사대왕중천은 인도를 중심으로 지구의 동, 남, 서, 북에 있는 하늘나라다.

그 위의 도리천은 수미산 꼭대기에 있는 하늘나라로 삼십삼천이라고 부르기도 한다. 수미산 정상에 천궁이 하나 있고 동서남북의 4방에 각각 8천씩 있는데 이를 모두 합하면 총 33곳이 되기에 33천인 것이다. '도리'는 33을 의미하는 산스끄리뜨어 '뜨라야스-뜨링샤(trāyas-trimśa)'의 앞부분을 음사한 말이다. 그리고 도리천 전체를 관장하면서 중앙의 천궁에 거주하는 천주가 바로 제석천(帝釋天)이다. 제석천의 원래 이름은 석제환인(釋帝桓因)인데, 산스끄리뜨어 '샤끄라-데와남-인드라(Śakra-Devānām-Indra)'의 음역어로 '신(Deva)들의 주인(Śakra)인 인드라'라는 뜻이다. 줄여서 환인이라고도 쓴다. 환인은 고조선을 건국한 단군의 할아버지로, 애국가에서 노래하듯이 '동해물과 백두산이 마르고 닳도록 우리나라를 보우하시는 우리 하느님'이다. 색계의 범천과 함께 불교를 외호하는 대표적인 신이다.

　사대왕중천과 도리천은 지구에 근접해 있지만, 그 위의 야마천, 도솔천, 화락천, 타화자재천은 지구에서 멀리 떨어진 허공에 있다. 야마(Yāma)는 한자로 염마(閻魔)라고 음사한다. 염라대왕의 원래 이름이다. 고대 인도의 신화에 의하면 지구상 최초의 인간은 마누(Manu)였고 그 동생이 바로 야마였는데 형보다 동생이 먼저 죽었다고 한다. 그래서 야마는 '사자(死者)의 길'을 개척하는 임무를 맡아 야마천을 만들었다는 것이다. 야마천 위에는 도솔천이 있다. 도솔은 '만족'을 의미하는 산스끄리뜨어 뚜쉬따

(Tuṣita)의 음사어다. 도솔천은 오욕락의 기쁨에 만족하고 사는 하늘이다. 도솔천의 천궁은 내원궁(內院宮)과 외원궁(外院宮)의 두 겹으로 이루어져 있는데, 안쪽의 내원궁은 성불 직전의 보살이 거주하는 곳으로 현재에는 미륵보살이 머물고 계시다고 한다. 도솔천 바로 위에 화락천(化樂天)이 있다. 수시로 스스로 오욕락을 만들어서 즐기는 하늘나라다. 그리고 그 위, 욕계의 정상에 타화자재천(他化自在天)이 있다. 타화자재천의 천신들은 오욕락을 만드는 수고조차 하지 않으며 남이 만든(他化) 오욕락을 즐기며 산다.

이런 육욕천 모두 욕계에 속하기에 이곳에 태어난 천신들은 남녀의 성을 가지며, 남신과 여신이 만나서 2세를 낳는다. 사대왕중천과 도리천의 천신들은 인간처럼 교미를 하여 2세를 낳고, 야마천의 천신들은 남신과 여신이 서로 껴안기만 하면 2세가 화생(化生)하고, 도솔천의 천신들은 서로 손만 잡아도 2세가 화생한다. 또 화락천에서는 남신과 여신이 마주 보고 웃으면 2세가 화생하고, 타화자재천에서는 서로 마주보기만 해도 무릎 위에 2세가 화생한다고 한다. 말하자면 직접 교미하지 않고 '플라토닉 러브'만으로도 2세가 탄생하는 곳이 육욕천 가운데 위의 네 곳이다. 위로 올라갈수록 점점 미세해지고, 고결해진다. 육욕천을 포함하여 아수라, 인간, 아귀, 축생, 지옥 모두 욕계에 속한다. 다시 말해 직접적인 성욕이든, 플라토닉 러브든 이성(異性)에 대한 음욕을 끊지 못한 존재들이 태어나는 곳이다.

그리고 욕계의 정상인 타화자재천을 벗어나면, 색계가 나타난다. 색계는 지구에서 멀리 떨어진 허공에 건립된 하늘나라다. 이곳에 태어나려면 음욕과 식욕 등 동물적 욕망을 완전히 끊어야 하고 자비희사(慈悲喜捨)의 사무량심(四無量心)을 갖추어야 한다. 다시 말해 욕계의 동물적 삶을 싫어하여 계율을 철저히 지키며, 선정을 닦아 마음을 집중할 수 있고, 욕계에서 '고기 몸(肉身)'을 갖고 고통 속에 살아가는 중생들에 대한 연민의 마음이 있어야 한다. 색계에는 초선천, 제2선천, 제3선천, 제4선천의 네 단계의 하늘이 있다. 초선천의 천신은 대범천(大梵天), 범보천(梵輔天), 범중천(梵衆天)의 세 종류인데, 그 가운데 대범천이 천주다. 제2선천에는 소광천(小光天), 무량광천(無量光天) 등이 있으며, 제3선천에는 소정천(少淨天), 변정천(遍淨天) 등이 있다. 제4선천에는 여덟 곳의 하늘나라가 있는데 이 가운데 정거천(淨居天)이라고 부르는 다섯 곳은 아나함(阿那含) 단계에 오른 성자들이 거주하는 곳이다. 색계의 하늘나라와 천신들은 그 이름에서 보듯이 '청정한 빛'으로 이루어져 있다. '고기 몸'을 갖고서 욕계에서 살아가는 인간이나 짐승은 '덩어리로 된 밥'을 먹고 살지만(段食), 이들 색계의 천신들은 '생각(思食), 감촉(觸食), 앎(識食)'만을 밥으로 삼는다고 한다. 요컨대 동물적 욕망을 완전히 끊고 고결하게 사는 청정한 수행자들이 태어나는 곳이 바로 색계의 하늘나라다.

색계에 태어날 정도의 선정보다 더 깊은 삼매를 성취하면, 그 다음 단계인 무색계에 태어난다. 무색계는 그 장소를 지목할 수 없다. 그 이름에서 보듯이 물질(色)이 없는 곳이기 때문이다. 요컨대 '수행자가 성취한 삼매의 경지'로 이루어진 곳이 바로 무색계다. 남녀의 성은 색계에 오를 때 이미 끊었지만, 무색계에 오르면 더 나아가 몸조차 없어지고 오직 '정신적 삼매경'만 남는다. 무색계는 객관대상이 허공처럼 무한히 펼쳐진 삼매인 공무변처천(空無邊處天), 주관적 인식이 온 우주에 가득한 식무변처천(識無邊處天), 주관과 객관이 모두 없어진 무소유처천(無所有處天), 그리고 '없다는 생각'조차 사라졌지만(非想) 그렇다고 해서 생각이 아예 없는 것은 아닌(非非想) 비상비비상처천(非想非非想處天)의 네 단계로 이루어져 있다. 공부변처천의 수명은 2만 겁, 식무변처천은 4만겁, 무소유처천은 6만겁, 비상비비상처천은 8만겁이라고 한다. 한 번 이런 곳에 태어나면 최소한 2만겁 이상은 머물러야 하기에 해탈의 기회를 잃어버린다. 말하자면 '하늘나라에 있는 감옥'이다. 부처님께서 성도하시기 전에 쉽게 성취하셨지만 진정한 종교적 목표가 될 수 없음을 알고서 버리셨던 두 가지 삼매가 무소유처정과 비상비비상처정이었다.

이상에 설명한 삼계 모두 윤회의 세계일뿐이다. 모든 생명체는 이런 삼계 속에서 오르락내리락 하면서 무한히 윤회한다. 해탈하지 못한 이상 그렇다. 셈족의 종교든 인도의 외도(外道)들이든 오지(奧地)의 민속종교든 다른 어떤 종교에서 추구하는 하늘나라라고 하더라도 모두 삼계 가운데 어느 한 곳일 뿐이다. 아무리 착하게 살아도, 그 어떤 신앙 활동을 해도, 그 어떤 삼매에 들어도 그들은 삼계를 벗어나지 못한다. 선행이나 신앙이나 삼매는 번뇌를 누를 수는 있어도 완전히 제거할 수는 없기 때문이다. 연기(緣起)와 공(空)을 자각할 때 번뇌의 뿌리가 뽑힌다. 연기와 공의 '지혜'. 오직 불교에만 있는 가르침이다.

부처님께서는 삼계의 정상인 비상비비상처천에 태어나게 하는 삼매까지 체험한 후 그 모두를 버리고, 색계 제4선의 경지에서 생명과 세계의 진상에 대해 '곰곰이(止) 관찰하는(觀)' 지관쌍운(止觀雙運)의 수행을 통해 '연기(緣起)의 법칙'을 발견하여 깨달음을 이루셨다. 내생에 다시는 삼계 그 어느 곳에도 태어나지 않는 진정한 해탈의 길을 발견하셨다. 『열반경』과 『법화경』의 가르침에 비추어서 표현하면 '온 우주와 하나가 되는 영원한 법신'을 성취하셨던 것이다. 삼계에서 완전히 벗어나는 대열반의 깨달음이었다.

🪷 아라한

≪금강경≫의 제9장인 '일상무상분(一相無相分)'은 다음과 같은 문답으로 시작한다. "수보리야 네 생각이 어떠하냐? 수다원이 '내가 수다원과를 얻었다.'고 생각할 수 있겠느냐?" 수보리는 말하였다. "아니옵니다, 세존이시여. 왜냐하면 수다원은 '흐름에 들어간 자'라는 뜻이지만, 들어갈 것도 없사오며 형상, 소리, 냄새, 맛, 감촉, 생각에도 들어가질 않으며 그 이름이 수다원일 뿐입니다." … 이어서 사다함과 아나함과 아라한에 대한 부처님의 물음과 수보리의 대답이 이어진다.

수다원(須陀洹), 사다함(斯多舍), 아나함(阿那含), 아라한(阿羅漢). 불교에서 지향하는 네 단계의 성자들로 '사과(四果)의 성인'이라고 부른다. ≪금강경≫에서는 수다원과에서 아라한과에 이르기까지 네 단계의 성자 가운데 그 누구도 자신이 그런 지위에 올랐다는 생각을 하지 않는다는 점을 역설한다. 다시 말해, 이들 성자 그 누구도 자신의 수행깊이에 대해서 티를 내지 않는다. 요컨대 이들 성자들의 경우 '나'라는 생각이 끊어졌기에 "'내'가 어떤 경지에 올랐다."는 분별을 내지 않는다는 것이다.

흔히, 소승불교의 수행 목표는 아라한이지만, 대승불교의 목표는 부처가 되는 것이라고 말하면서 부처와 아라한을 다르게 본다. 그러나 초기불전을 보면 부처님 역시 당신 스스로 아라한이라고 하셨다. 녹야원에서 중도의 설법을 통해서 다섯 비구들을 아라한의 경지로 인도하신 후 "이제 이 세상에는 여섯 명의 아라한이 있다."고 선언하셨다. 아라한! 대승이든 소승이든 불교수행자들이 지향하는 최고의 성자다. 산스끄리뜨어로는 아르하뜨(Arhat), 빠알리어로는 아라한뜨(Arahant)라고 쓴다. 아르하뜨의 어원에 대해서 학설이 구구한데, '~할 만한 가치가 있는(deserve)'을 의미하는 어근 '아르흐(arh)'에 현재분사어미 '아뜨(at)'가 붙은 말로 분석하여 '응공(應供)'이라고 번역하기도 한다. '마땅히 공양할만한 분'이란 뜻이다. 공양물을 올린 시주자에게 무한한 복을 주는 복전(福田)이기 때문이다. 그러나 '적(賊)'을 의미하는 명사 '아리(ari)'에 '죽이다'를 의미하는 어근 '한(han)'과 과거수동분사어미 '따(ta)'가 붙어서 만들어진 복합어 아리한따(Arihanta)에서 파생된 말로 볼 때에는 '살적(殺賊)'이라고 번역된다. '적을 죽인 분'이란 뜻이다. 한문불교권에서는 주로 아라한(阿羅漢)이라는 음역어를 사용하지만, 티벳에서는 '다쫌빠(dGra bCom Pa)'라고 번역했는데, '다'는 '적'을 의미하며 '쫌빠'는 '정복'을 의미하기에, '살적'과 의미가 같다. 물론 여기서 말하는 '적'은 '번뇌의 적'을 뜻한다. 번뇌란 우리의 생각과 감성을 흔드는 '탐욕, 분노, 교만, 어리석음'과 같은 것들이다. 아라한은 이러한 '번뇌의 적'들을 완전히 제압한 최고의 성자다.

부처님의 가르침 전체는 '고(苦), 집(集), 멸(滅), 도(道)'의 사성제(四聖諦)로 요약된다. 모든 것이 궁극적으로 괴로움일 뿐이라는 고성제, 그런 괴로움의 원인은 우리 마음 속 번뇌에 있다는 집성제, 번뇌를 제거하여 괴로움이 완전히 사라진 열반의 멸성제, 그리고 그렇게 번뇌를 제거하는 수행인 팔정도의 도성제다. 불교 수행에서 가장 중요한 것은 번뇌를 제거하는 일이다. 팔정도의 수행을 통해서 모든 번뇌를 제거하면 아라한이 된다. 번뇌에는 열 가지가 있다. ①탐(貪), ②진(瞋), ③만(慢), ④무명(無明), ⑤의(疑)의 다섯 가지에 ⑥유신견(有身見), ⑦변집견(邊執見), ⑧사견(邪見), ⑨견취견(見取見), ⑩계금취견(戒禁取見)의 오견(五見)을 합하여 열 가지다. 순서대로 풀어서 말하면 '①탐'이란 '식욕이나 성욕과 같은 동물적 욕망'인 욕탐(欲貪)과 '존재하고 싶은 욕망'인 유탐(有貪)을 의미하며, '②진'은 분노심, '③만'은 교만한 마음, '④무명'은 생명과 세계의 진상을 모르는 근본적인 어리석음, '⑤의'는 불교에 대한 의심, '⑥유신견'은 내가 있다는 생각, '⑦변집견'은 삶의 끝자락(邊)인 죽음 이후에 지금의 내가 그대로 이어진다거나 아예 사라진다고 망상하는 것, '⑧사견'은 인과응보를 부정하는 것, '⑨견취견'은 앞의 세 가지 착각인 유신견, 변집견, 사견을 의식적으로 자신의 세계관으로 삼는 것, '⑩계금취견'은 다른 종교의 삿된 의례나 규범을 올바르다고 착각하거나 지계(持戒)만으로도 깨달음을 얻는다고 오해하는 것이다. 이런 번뇌들을 완전히 제거한 아라한이 되기 위해서는 수다원, 사다함, 아나함의 단계를 차례로 거쳐야 한다.

생명의 세계는 욕계(欲界), 색계(色界), 무색계(無色界)의 삼단계로 이루어져 있는데, 욕계의 중생은 육체와 정신, 그리고 남녀나 암수의 성(性)을 갖고 살아간다. 색계의 중생은 동물적 욕망에서 벗어났기에 '청정한 몸'과 '정신'만으로 이루어져 있다. 무색계의 중생은 몸조차 사라지고 '정신적 삼매경' 속에서 살아간다. 위로 올라갈수록 점점 고결해지고 미세해진다. 그런데 욕계를 벗어나 색계 이상의 세계에 오르는 시기가 언제인가에 따라서 수다원, 사다함, 아나함의 구분이 이루어진다.

수다원은 산스끄리뜨어 '슈로따-아빤나(Śrota Āpanna)'의 음사어다. '흐름에(Śrote) 들어온 분(Āpanna)'이란 뜻으로 '입류(入流)' 또는 '예류(預流)'라고 의역한다. 여기서 말하는 흐름이란 '성자(聖者)의 흐름'을 의미한다. ≪청정도론≫에서는 이를 갠지스 강물에 들어가는 것에 비유한다. 갠지스 강에 들어가 그 흐름에 몸을 맡기면 떠내려가다가 언젠가는 반드시 바다에 이르게 된다. 이와 마찬가지로 불교수행을 통해서 수다원의 지위에 오르게 되면 언젠가는 반드시 아라한이 된다. 결코 물러서지 않는 불퇴전(不退轉)의 경지다. 수다원이 되기 위해서는 열 가지 근본 번뇌 가운데 ⑤의(疑), ⑥유신견(有身見), ⑩계금취견(戒禁取見)의 셋을 끊으면 된다. ⑤'의'를 끊었기에 부처님의 가르침에 대해서 추호도 의심하지 않고, ⑥'유신견'을 제거했기에 몸 어딘가에 내가 있다고 착각하지 않고, ⑩'계금취견'이 없기에 다른 종교의 의례나 규범을 기웃거리지 않는다. 다시 말해서 ①탐욕, ②분노, ③교만 등 다른 번뇌들은 아직 남아 있어도 무아(無我)를 체득하고 불교에 대한 불퇴전의 신심을 갖추면 수다원이다. 무아를 아공(我空)이라고 표현하기도 한다. 수다원이 되면 수행자의 마음에 비로소 '공성(空性)의 불길'이 붙는다. 짚단에 한 구석에 불이 붙으면 언젠가 다 타고 말듯이, 우리 마음에 공성의 불이 붙으면 머지않아 마음 속 번뇌가 모두 소진된다. 그래서 불퇴전의 경지다. 수다원은 "극칠반(極七返)한다."고 한다. "기껏해야(極) 일곱 번(七) 욕계로 돌아온다(返)."는 뜻이다. 사성제를 통찰하는 수행을 통해서 수다원의 지위에 오르면, 죽은 후 내생에 많아야 일곱 번 욕계에 태어나고, 그 이후에는 색계 이상에 태어난다. 불교수행의 최고 목표는 아라한이 되는 것이지만, 이를 현생에 이루기는 참으로 힘들다. 그러나 수다원의 경지까지만 올라도 우리는 안심할 수 있다. 내생에 결코 험한 곳에 태어나지 않으며 머지않아 반드시 아라한이 되는 불퇴전의 경지이기 때문이다. 수다원! 불교수행의 현실적 목표다.

그 다음 단계인 사다함은 '사끄리드-아가민(Sakṛd Āgamin)'의 음사어다. '한 번(Sakṛt) 오는 분(Āgamin)'이란 뜻이기에 일래(一來)라고 번역한다. 구체적으로 말하면 내생에 '한 번 더 욕계에 태어나야 하는 성자'다. 수다원의 경지는 넘어섰지만 아직은 욕계의 번뇌가 남아 있기에 죽은 후 내생에 한 번은 욕계에 태어나서 동물적 욕망과 분노심 같은 욕계의 번뇌를 완전히 끊는 수행을 해야 한다. 그리고 그 다음 생에는 색계 이상에 태어나 다시 수행 정진하여 아라한이 된다.

아나함은 '안아가민(Anāgamin)'을 음사한 용어로 '안(An)'은 부정의 접두어이고, '아가민(āgamin)'은 '오는 자'를 의미한다. 의역하여 불환(不還) 또는 불래(不來)라고 쓴다. '내생에 욕계에 오지 않는 분'이란 뜻이다. 고결하게 살면서 욕계의 번뇌를 완전

히 끊었기에 죽은 후 반드시 색계 이상의 세계에 태어나 아라한
이 된다. 삼계 가운데 욕계를 하계(下界), 색계와 무색계를 묶어
서 상계(上界)라고 부른다. 욕계에 속한 번뇌에 다섯 가지가 있
는데 이를 '오하분결(五下分結)'이라고 한다. 하계(下)인 욕계에
속하는(分) 다섯(五) 번뇌(結)란 뜻이다. 오하분결은 '①탐 가운
데 욕탐, ②진, ⑤의, ⑥유신견, ⑩계금취견'의 다섯이다. 사다함
은 수다원의 경지를 이미 거쳤기에 ⑤의, ⑥유신견, ⑩계금취견
이 없고, 더 나아가 식욕이나 성욕과 같은 동물적 욕망도 끊고
(①), 결코 화를 내지 않는다(②). 그러나 '①탐' 가운데 '색계에
대한 집착(색탐)'과 '무색계에 대한 집착(무색탐)'의 두가지, '③
교만한 마음', '④무명', 그리고 '들뜬 마음(掉擧)' 등 모두 다섯
가지 번뇌가 아직 남아 있다. 이를 오상분결(五上分結)이라고 부
른다. 욕계는 완전히 벗어났지만 이런 집착이 남아 있기에 내생
에 상계(上界)에 태어난다. 그리고 상계에서 이들 다섯 번뇌마
저 모두 끊을 때, 결국 열 가지 근본번뇌가 완전히 사라져 아라한
이 된다. 번뇌의 적을 모두 제압한 '살적(殺賊)'이 되는 것이다.
'동물적 욕망(欲)'과 '형상(色)에 대한 집착' 그리고 '삼매의 경지
(無色)'에 대한 집착조차 모두 제거했기 때문에 다시는 삼계에
태어나지 않는다. 죽은 후 몸과 마음이 모두 적멸에 든다. 완전한

열반이다. 이 세상의 그 무엇에도 맺힌 것이 없기 때문이다. 성인
(聖人) 중의 성인이다. 아라한이다.

🪷 계율

계율! 불자들이 지켜야 할 규범이다. 가장 기초가 되는 것은 삼귀의계다. "거룩한 부처님께 귀의합니다. 거룩한 가르침에 귀의합니다. 거룩한 스님들께 귀의합니다." 삼귀의계의 수지 여부는 불자와 비불자를 가르는 1차적인 기준이 된다. 그리고 이에 더하여 오계를 받는다. "살생을 하지 않겠습니다. 도둑질을 하지 않겠습니다. 삿된 음행을 하지 않겠습니다. 거짓말을 하지 않겠습니다. 술을 마시지 않겠습니다."

삼귀의를 다짐하고 살긴 하지만 오계 받기를 망설이는 불자들이 있다. 특히 다섯 번째 조항인 '불음주계'가 마음에 걸리기 때문이다. 술을 마시지 않으면 사회생활을 하기가 쉽지 않다. 회사에서 거래처 사람들을 접대하고, 친목을 도모할 때 술이 윤활유 역할을 한다. 친구든 친척이든 모여서 식사할 때면 '건배'를 하고 술잔을 돌린다. 술을 끊으면 직장생활도 뻑뻑해지고 친구나 친척과의 관계도 소원해진다. 남자 재가불자, 즉 우바새(優婆塞)들이 수계를 망설이거나 미루는 이유가 대부분 이에 있을 것이다.

그러나 불교의 품은 넓다. 불전에서는 수계의 정도에 따라 재가불자를 다섯 부류로 구분한다. 일분행자, 소분행자, 다분행자, 만행자, 단음행자의 다섯이다. 오계 가운데 하나만 받아서 지키는 재가불자를 일분행자(一分行者)라고 부른다. 소분행자(少分行者)는 두, 세 가지 계만 받고 다분행자(多分行者)는 네 가지 계를 받으며, 오계 모두를 받은 재가불자를 만행자(滿行者)라고 부른다. 술을 끊을 자신은 없지만, 나머지 네 가지 계는 모두 지킬 자신이 있다면 다분행자의 계를 받으면 된다. 수계식에서 오계를 복창할 때 불음주계의 항목에서 입을 다물고 있으면 된다. 술은 마시지만, 절대로 산목숨을 죽이지 않고, 남의 것을 훔치지 않으며, 삿된 음행이나 거짓말을 결코 하지 않는다. 다분행자다.

　가끔 모기도 잡아야 하고, 바퀴벌레 약도 뿌려야 한다. 또는 어업에 종사하거나 회집을 운영하기에 살생을 해야 하며, 임기응변으로 "밑지고 판다."거나 '오늘 들어온 싱싱한 광어'라는 거짓말도 해야 한다. 그러나 남의 것을 훔치는 짓은 결코 하지 않을 자신이 있고, 배우자에 대한 '사랑의 신의'만큼은 철저하게 지킬 수 있다면 소분행자의 수계를 받으면 된다. 오계를 복창할 때 "남의 것을 훔치지 않겠습니다."와 "삿된 음행을 하지 않겠습니다."라는 조항만 따라하고 '불살생', '불망어'와 '불음주'의 계목에서는 침묵을 지킨다.

소분행자로 살아갈 자신조차 없으면 오계 가운데 하나만 지키는 일분행자로 살면 된다. 일분행자도 어려우면 삼귀의계만 지키면 된다. 오계 가운데 어느 것 하나 못 지켜도 삼귀의계만 받으면 불자의 범위에 들어온다. 부처님의 품속에서 살아가는 부처님의 아들, 딸이다.

재가불자의 오계. 몇 안 되는 조항이긴 하지만 그 모두를 수지하여 곧이곧대로 지키는 것이 쉬운 일은 아니다. 만행자로 살아가는 것이 쉬운 일이 아니란 말이다. 그런데 만행자에서 한 걸음 더 나아가 부부생활도 하지 않겠다고 다짐하는 재가불자가 있다. 바로 단음행자(斷婬行者)다. ≪대지도론≫에 의하면 오계를 모두 받은 다음에 계사(戒師) 앞으로 나아가 "저는 제 배우자와도 음행을 하지 않겠습니다."라는 다짐을 하면 단음행자가 된다고 한다. 예를 들어, 유마거사와 같은 분이다. ≪유마경≫에 의하면 유마거사는 부인과 자식이 있고 복락 속에서 살았지만, 항상 범행(梵行)을 닦았다고 한다. 여기서 말하는 범행은 단음행을 의미한다. 이통현 장자나 방거사 등 불교사상사에서 이름을 날렸던 거사들 모두 단음행자였을 것이다. 그 외모만 속인이었지, 그 삶과 행동은 출가하여 독신 수행하는 스님과 다를 게 없었다.

계율! 재가불자들은 이렇게 오계만 받는데, 출가한 스님들은 구족계(具足戒)를 받는다. 우리나라의 경우 비구 스님은 250가지 계, 비구니 스님은 348가지 계를 받아 지닌다. 율장 가운데 ≪사분율(四分律)≫에 근거한 조항들이다. 앞에서 보았듯이 재가불자의 경우 오계 가운데 취사선택하여 수계를 할 수 있지만, 구족계의 경우 그런 선택이 허용되지 않는다. 삭발 염의한 스님이라면 모두 받아 지니고 반드시 지켜야 한다. 또 ≪사분율≫이 '소승의 율'이기에 대승 불교권에서 이를 사용하는 것에 대해서 문제를 제기하기도 하지만, 이 역시 잘못된 생각이다. 율은 대승이든 소승이든 출가한 스님들이 반드시 받아야 할 '출가 율'이다.

　계라는 표현을 썼지만, 스님들이 받는 구족계는 계에 근거한 율이다. 현대적으로 풀면 계는 윤리(Ethics), 율은 법(Law)에 대비된다. 계는 선악의 기준이고, 율은 승단의 운영규칙이다. 계는 스스로 지키는 것이고, 율을 어기면 승단의 제재를 받는다. 계는 '자율적 윤리'이고 율은 '타율적 규범'이다. 계는 출가자나 재가자 모두가 지켜야 할 윤리적 지침이지만, 율은 출가한 스님에게만 해당하는 '승단의 규범'이다.

　비구스님의 250계나 비구니스님의 348계와 같은 율의 조항들을 쁘라띠목샤(Pratimokṣa)라고 부르며 한자로 바라제목차(波羅提木叉)라고 음역한다. '해탈(mokṣa)하게 만드는 낱낱의(prat

i) 지침'이라는 뜻이다. 별해탈(別解脫)이라고 의역하기도 한다. 세속적인 삶에서 벗어나게 만드는 낱낱의 지침이다. 동물적 감성에서 벗어나게 만드는 낱낱의 지침이다. 삼계 가운데 욕계에 대한 미련에서 벗어나게 해주는 낱낱의 지침이다. 별해탈의 '해탈'은 '벗어남'을 의미한다. 출가하여 정식으로 스님이 되고자 할 경우 250가지 또는 348가지 '별해탈'을 굳게 지킬 것을 다짐한다. 구족계의 수계 현장에서 스님들의 마음속에 '계체(戒體)'가 만들어진다. 목숨이 다하도록 바라제목차를 지키겠다는 '다짐'이다.

승가의 율은 세속의 법률에 해당한다. 일반적으로 법에는 여섯 가지가 있다. '헌법, 형법, 민법, 상법, 형사소송법, 민사소송법'의 육법이다. 승단의 규범인 율은 육법 가운데 '형법'과 '형사소송법'에 해당한다. 250계 가운데 앞의 243가지는 형법에 해당하고, 마지막 7가지 '멸쟁법(滅諍法)'은 범계(犯戒) 여부를 놓고 다툼이 일어났을 때 죄상을 판가름하는 방법이기에 형사소송법과 유사하다.

스님들이 어겨서는 안 되는 243가지 행동규범들은, 그 경중에 따라 다시 일곱 가지 부류로 나누어진다. 가장 중한 것을 바라이법(波羅夷法)이라고 부른다. '이성과 직접 음행하는 것, 5전 이상의 돈을 훔치는 것, 사람을 죽이는 것, 깨닫지 못했는데 깨달았다고 하는 것'의 네 가지다. 이 가운데 두 번째 조항에서 말하는 '5전 이상의 돈'이 어느 정도인지 알 수 없지만, 세속에서 일반인이 5전 이상의 돈을 훔치면 사형을 시켰다고 하니 꽤나 큰 액수였을 것으로 짐작된다. 이런 네 가지 바라이법을 범하면 영구히 승가에서 추방되며 다시 출가하는 것도 금한다. '스님의 자격을 박탈하는 형벌'을 주는 것이다.

 그 다음으로 중한 계목이 승가바시사법(僧伽婆尸沙法)이다. 자위를 하든가, 여인의 몸을 만지든가, 중매를 서든가, 무고를 하든가, 대중의 화합을 파괴하는 것 등이 이에 속한다. 이를 범할 경우, 20인 이상의 비구 스님 앞에서 참회를 한 후 6일간 격리 생활을 한 다음에 승가로 복귀할 수 있다. 과도한 소유를 금하는 조항으로 니살기바일제법(尼薩耆波逸提法)이란 것이 있는데 이를 어길 경우 소유물을 승가에 반납한 후 4인 이상의 비구 스님 앞에서 참회를 하면 죄에서 벗어나 승가로 복귀한다. 또 욕을 하든지, 작은 거짓말을 하든지, 이간질을 하든지, 가르치는 사람을 비방하든지, 때가 아닌 때에 먹든지, 이성과 함께 있든지, 술을 마시든지, 남을 때리든지 하는 행위를 금하는 바일제법(波逸提法)이 있다. 이런 행위를 했을 때에는 4인 이상의 비구 앞에서 참회하여 죄에서 벗어날 수 있다. 이보다 경미한 바라제제사니법

(波羅提提舍尼法)을 범하면 1인의 비구 앞에서 참회하면 죄에서 벗어나고, 가장 경미한 중다학법(衆多學法)의 경우 고의로 범한 것은 1인의 비구 앞에서 참회하고 그렇지 않은 것은 스스로 참회함으로써 죄에서 벗어난다. 가사를 머리에 뒤집어쓰거나, 팔을 흔들며 걷거나, 장난치고 웃거나, 밥을 씹는 소리를 내거나, 풀밭에 침을 뱉는 등의 행동이 중다학법에 속한다.

율! 승가를 유지하는 규범이다. 비단 율뿐만 아니라, 어느 집단이든 그 집단에서 제정한 규범이 잘 지켜지면 그 집단은 오래 존속한다. 규범은 콩가루 같은 개인을 묶어주는 끈의 역할을 하기 때문이다. 율과 관련하여 구족계의 수계식과 함께 반드시 치러야 할 중요한 의식(儀式)이 두 가지 더 있다. 바로 포살(布薩)과 자자(自恣)다. 포살은 스님들이 보름에 한 번 모여서 250계의 조항을 읽으면서, 범계한 것을 고백하고 참회하는 의식이고 자자는 안거가 끝날 때 범계 행위를 고백하고 참회하는 의식이다. 승가가 귀의의 대상이 되는 이유는 율을 수지한 스님들이 정기적으로 그 준수 여부를 점검하면서 세속의 때를 씻어내기 때문이다. '출가 계'인 250계에 근거한 자자와 포살의 복원! 우리 불교를 살아 숨 쉬게 만드는 혈맥이다.

🪷 진속이제

불전을 읽다보면 서로 모순돼 보이는 가르침을 많이 만날 수 있다. 일반적으로 "악을 멀리 하고 선을 행하라."고 가르치지만, 이와 반대로 "선도 악도 없다."고 설하는 경문도 있다. 어떤 곳에서는 "자아도 없고 법도 없다."고 하지만, "자기 스스로에 의지하고(自燈明), 법에 의지하라(法燈明)."는 부처님의 마지막 유훈(遺訓)에서 보듯이 다른 곳에서는 자아와 법의 존재를 긍정한다. 또, 윤회하려면 그 주체인 자아가 존재해야 하는데, 이는 무아설(無我說)에 위배되는 것 같다. 불전을 읽다가 이렇게 상충하는 가르침들을 접하곤 당혹감을 느낀 불자들이 적지 않을 것이다.

대승불교의 아버지라고 불리는 용수(龍樹: 150~250경)의 저술 가운데 ≪대지도론(大智度論)≫이란 논서가 있다. ≪마하반야바라밀경≫에 대한 주석서로 '대지도'는 '마하(大)반야(智)바라밀(度)'의 한문번역이다. ≪대지도론≫에서는 ≪마하반야바라밀경≫의 경문을 차례차례 제시하면서 문답 형식을 빌어서 그 의미에 대해 풀이하는데, 총 100권에 달하는 방대한 분량으로, 단순한 주석을 넘어서 각종 불교교리에 대한 상세한 설명을 담고 있기에 '불교백과사전'이라고 불리기도 했다. 그런데 우리는 ≪대지도론≫에서 위에 제시한 문제들에 대한 해답을 발견할 수 있다.

≪대지도론≫의 대론자는 묻는다. "부처님께서 제 시간에만 식사를 하라고 하셨는데, 어째서 시간이 존재하지 않는다고 하는 것입니까?" 율장(律藏)의 오후불식계(午後不食戒)에서 보듯이, 스님들은 정오 이전에 모든 식사를 마쳐야 한다. 그런데 ≪금강경≫에서 "과거의 마음을 잡을 수 없고, 현재의 마음을 잡을 수 없고, 미래의 마음을 잡을 수 없다."고 쓰듯이 과거와 현재와 미래의 시간 모두 실재하지 않는다. 어느 가르침이 옳은가? 또 부처님께서는 '무아'의 가르침을 베푸셨는데, 대부분의 불전 서두에서 "이와 같이 나는 들었다(如是我聞)."고 말하며 '나'의 존재를 인정하고 있는 것은 어찌 된 일인가? 또 불전에서는 일반적으로 '동, 서, 남, 북'의 방위에 실체가 없다고 말하는데, 어떤 곳에서는 "시방(十方)의 부처님들과 보살들이 오신다."고 하면서 방위의 존재를 당연시한다.

그런데 이런 상충에 대해서 ≪대지도론≫에서는 다음과 같이 해명한다. "시간이 존재하지 않는다."는 가르침은 진제이고, "제 시간에만 식사해야 한다."는 가르침은 속제다. "방위에 실체가 없다."는 가르침은 진제이고, '방위를 긍정하는 가르침'은 속제다. '무아의 가르침'은 진제이고, "자아가 윤회한다."는 가르침은 속제다. "선도 악도 없다."는 것은 진제고, "악을 멀리하고 선을 행하라."는 가르침은 속제다." 그렇다! '부처님의 가르침들을 정리하는 가르침', '가르침에 대한 가르침', '메타(Meta) 가르침'이 있었다. '진속이제(眞俗二諦)의 가르침'이었다.

진제(眞諦)의 산스끄리뜨 원어는 '빠라마르타 사띠야(Paramārtha Satya)'인데 '최고의'라는 뜻의 빠라마(parama)와 '의미'라는 뜻의 아르타(artha)에 '진리(satya)'를 덧붙인 말로 승의제(勝義諦)나 제일의제(第一義諦)라고 한역하기도 했다. 따라서 '진제'란 '뛰어난 의미를 갖는 진리', '최고의 의미를 갖는 진리', '궁극적 진리'라는 뜻이다. 속제는 산스끄리뜨어로 '삼브리띠 사띠야(Saṃvṛti Satya)' 또는 '위야바하라 사띠야(Vyavahāra Satya)'라고 쓴다. 위야바하라는 '세간'이라는 뜻이고, 삼브리띠는 '완전히(sam) 덮음(vṛti)'이라는 뜻이다. 말하자면 무명에 덮여 있는 세간의 사람들을 위한 진리가 '속제'인 것이다.

진제는 '궁극적 진리'이고 속제는 '세간의 진리'다. 궁극적 진리인 진제에서는 모든 것을 부정한다. 시간이든, 자아든, 방위든, 선악이든 모두 실재하는 것이 아니다. 진제에서는 시간도 없고,

자아도 없고, 방위도 없고 선악도 본래 없다. ≪반야심경≫에서 가르치듯이 "일체가 다 공하다." 선종의 육조 혜능(慧能: 638~713) 스님의 게송에서 노래하듯이 '본래무일물(本來無一物)'이다. 원래 아무 것도 없다. 그러나 속제에서는 오전과 오후의 시간도 있고, 윤회하는 자아도 있으며, 동서남북의 방위가 벌어지고, 선과 악이 판연하다. "없다."거나 "공하다."는 표현을 통해서 일체의 분별을 타파하는 가르침은 진제이고, 세속의 분별에 순응하여 선악을 가르고 세상을 묘사하는 가르침은 속제인 것이다.

부처님의 가르침들은 진제와 속제의 두 가지로 구분된다. 그런데 이렇게 범주가 다른 가르침을 같은 수준의 가르침으로 착각하여 나란히 늘어놓고 비교할 경우 모순이 발생한다. "윤회와 무아의 가르침은 상충하지 않는가?" "공의 가르침과 선악의 가르침은 상충하지 않는가?" 그러나 이런 물음은 '범주의 오류(Category mistake)'를 범하고 있다. 진제와 속제의 구분을 모르기에 발생하는 잘못된 물음이다. 무아나 공의 가르침은 진제이고, 윤회나 선악은 속제다. 전혀 차원이 다른 가르침을 '동일한 범주'에 속하는 것으로 착각했기에 우문이 발생했던 것이다. 진제와 속제의 이제! 부처님의 가르침을 정리하는 중요한 틀이다.

용수의 ≪중론(中論)≫ 제24장 관사제품(觀四諦品)에서 논적

(論敵)은 "모든 것이 공하여 불생불멸(不生不滅)하다면 사성제
(四聖諦)가 부정되고 불법승(佛法僧)의 삼보(三寶)조차 파괴될
것이다."라면서 공사상을 비판한다. 이에 대해 답하면서 용수는
진속이제(眞俗二諦)의 가르침을 제시한다. "부처님들의 가르침
은 '이제'에 의거한다. 세간에서 행하는 진리와 승의(勝義)의 진
리이다(제8게). 이 두 가지 진리의 구별을 모르는 사람들은 부처
님의 가르침에 있는 깊은 진실을 알지 못한다(제9게)." 여기서
'세간에서 행하는 진리'는 '속제'를 의미하며 '승의의 진리'는 '진
제'를 의미한다. 진제에서는 ≪반야심경≫에서 설하듯이 모든 것
이 공하여 불생불멸이며 고집멸도(苦集滅道)의 사성제도 없다.
그러나 속제에서 고집멸도의 사성제는 결코 부정되지 않는다.
  그런데 진속이제의 가르침은 이것으로 다가 아니다. 이것이 끝
이 아니다. 예를 들어 '무아의 가르침'이 항상 진제인 것이 아니
다. 때론 부처님께서 '무아'조차 참된 진리가 아니라고 부정하신
다. 왓차(Vaccha)족의 비구가 부처님께 "자아가 있습니까?"라고
여러 번 여쭈었으나 답을 하지 않으셨다. 그 비구가 의아해 하며
돌아가자 아난에게 다음과 같이 설하셨다. "내가 만일 자아가 있
다고 답했다면 그가 원래 갖고 있던 잘못된 사견만 더 키우는 꼴
이 되느니라. 만일 무아라고 답했다고 해도 그가 원래 어리석은

자인데 어찌 그 어리석음을 더 키우는 꼴이 되지 않았겠느냐. 앞에서 그는 자아가 있다고 말했었지만 그 다음부터는 허무주의에 빠지게 될 것이니라. 원래 갖고 있던 유아(有我)라는 생각은 상견(常見)이고, 지금 갖는 허무주의는 단견(斷見)이니라. 여래는 양 극단[二邊]을 떠난 중도(中道)에 의거하여 다음과 같이 설하느니라. …" 이어서 십이연기의 가르침이 베풀어진다.

"자아가 있다."는 전제 위에서 이루어지는 윤회와 선악의 가르침은 속제이고, "자아가 없다."는 무아의 가르침이 진제이긴 하지만, 무아설의 참된 취지를 모르고 그 가르침에 집착할 우려가 있으면 무아도 부정하고 새로운 진제를 제시한다. '유아설의 상견'과 '무아설을 오해한 단견' 모두를 속제로 격하시키고 새롭게 제시되는 중도의 진제. '무아'는 무아라는 생각을 심어주는 가르침이 아니라 "자아가 실재한다."는 생각을 씻어주는 가르침이다. 무아의 '무(無)'자는 "없다."는 주장이 아니라 "틀렸다."는 비판이다. 또, ≪반야심경≫의 '공(空)'은 '공이라는 생각'을 심어주기 위한 가르침이 아니라, "사물이 실재한다."거나 "사물에 실체가 있다."는 분별을 씻어주는 가르침이다. 그런데 '공사상'의 진정한 취지를 모르고 '공의 가르침'에 집착할 경우 공조차 부정하면서 "공도 역시 공하다(空亦復空)."고 설한다. 새로운 진제다.

　진속이제 가운데 속제는 세속의 분별에 순응한 가르침이기에 '이론'이나 '주장'으로 표현된다. 그러나 진제는 '이론'이나 '주장'이 아니라 '세속의 분별을 타파'하는 '작용'이다. '무아'의 '무(無)'자는 '없을 무'자가 아니라, '유아설(有我說)'을 타파하는 '작용'이다. 반야경의 공(空)자는 '빌 공'자가 아니라 "사물에 실체가 있다."는 생각을 씻어주는 '작용'이다. 세속의 분별을 타파하기 위해서 '무'나 '공'이라는 표현을 사용하여 진제를 제시하지만, 그런 진제가 다시 분별의 나락으로 추락하면 그 조차 파기(破棄)하고 새로운 진제가 제시된다. '변증적 파기(Dialectical destruction)'의 작용을 통해 진정한 진제를 드러내는 것이다.

　진제를 구현하는 이러한 방식은 후대의 선불교에도 그대로 계승되었다. "개에게도 불성이 있습니까?"라는 제자의 물음에 대한 조주 스님의 "무!"자 대답은 "없다."는 부정이 아니라 '분별을 타파하는 작용'이다. 선승이 내뱉는 '할(喝)'의 고함과 '방(棒)'의 몽둥이질 모두 '분별을 타파하는 작용'이다. 진정한 '진제'는 '작용'을 통해서 체득된다. 초기불전에서 선문답에 이르기까지 진제는 모두 '한 맛(一味)'이다.

🪷 육바라밀

보시, 지계, 인욕, 정진, 선정, 반야. 불교도라면 누구나 준수하고 추구해야 할 여섯 가지 덕목이다. 보시는 남에게 베푸는 것, 지계는 윤리·도덕을 지키면서 살아가는 것, 인욕은 참는 것, 정진은 부지런히 힘쓰는 것, 선정은 고요히 앉아 마음을 모으는 것, 반야는 무상(無常)과 무아(無我) 등을 통찰하는 지혜다. 그런데 이런 덕목들에 '공성의 조망'과 '자비의 감성'이 함께 하면 '보시바라밀, 지계바라밀 …… 반야바라밀'의 육바라밀로 승화한다. 대승 보살의 실천덕목들이다. '바라밀'은 범어 빠람이따(Pāramitā)를 음사한 바라밀다(波羅蜜多)를 줄인 말이다. '빠람(Pāram)'은 '저 멀리'를 의미하고 '이따(itā)'는 '감'을 의미하기에, '저 멀리 열반의 언덕으로 건너 감'이라는 의미에서 '빠람이따'를 '도피안(度彼岸)'이라고 한역하기도 한다.

소승불교의 수행목표는 아라한이었다. 아라한이 되는 것, 다시 말해 깨달음을 얻는 것은 출가하신 스님이나 음욕을 끊은 재가 불자와 같이 극소수의 수행자에게나 가능한 목표였다. 대부분의 불자들은 스님에게서 가르침을 듣고, 시주물을 올림으로써 복덕을 쌓는 생활을 하기에 불교신행의 중심에 있지 않았다. 그러나 대승의 시대가 되어 불교신행의 목표가 성불(成佛)로 상승하면서 출가든 재가든, 인간이든 천신이든 축생이든 살아 있는 것들은 모두 불교신행의 주인공이 될 수 있었다.

  석가모니 부처님의 전생 이야기를 모아 놓은 ≪본생담(Jātaka)≫에서는 전생의 부처님을 '보살(Bodhisattva)'이라고 부른다. 보살이란 '깨달음(Bodhi)을 추구하는 생명체(Sattva)'라는 뜻이다. ≪본생담≫의 보살은 온갖 생명체로 태어나 수없이 윤회하면서 자리(自利)와 이타(利他), 즉 상구보리(上求菩提) 하화중생(下化衆生)의 삶을 살아간다. 상구보리는 "위로는 깨달음을 추구한다."는 의미로 자신의 번뇌를 제거하면서 지혜를 추구하기에 '스스로(自)에게 이로운(利) 삶이고, 하화중생은 "아래로는 중생을 교화한다."는 의미로 다른 생명체를 도우면서 자비를 실천하기에 남을(他) 이롭게(利) 하는 삶이다. ≪본생담≫에서 '보살'은 석가모니 부처님의 전신(前身), 한 분만을 지칭하는 고유명사였는데, 대승의 시대가 되자 보통명사로 그 외연이 확대되었다. 누구든 부처님의 전생과 같은 삶을 살 경우 언젠가 성불할 수 있다는 추론이 가능하기 때문이었다. 동참하는 중생의 범위와 수행의 목표가 소승과 비교할 바가 아니기에 '큰 수레'라는 의미에서 대승이라고 부른다. 그리고 육바라밀은 성불의 그 날까지 보살로 살아가면서 실천하는 여섯 가지 덕목인 것이다.

단순한 보시는 남에게 그냥 베푸는 것이지만, 보시바라밀은 '보시'라는 법이 공하다는 통찰과 다른 생명에 대한 자비심이 함께 하는 베풂이다. 이때의 자비심을 보리심이라고 부른다. 보리심이란 '깨달음을 얻겠다는 마음', 다시 말해 '성불하겠다는 마음'이다. 이러한 보리심을 내는 이유는 부처가 되어야 보다 많은 중생을 제도할 수 있기 때문이다. 다시 말해, 수많은 세월을 윤회하면서 보살로서 이타행을 실천해야 복덕을 갖춘 부처가 될 수 있고, 부처가 되어야 그 복력으로 인해 보다 많은 중생이 그 가르침을 따르기 때문이다. 따라서 '성불하겠다는 보리심'은 그대로 '중생에 대한 무한한 자비심'을 의미한다.

또 보시에 공성의 통찰이 함께 하지 않으면 '깨끗하지 못한 보시'가 되기 쉽다. '깨끗하지 못한 보시'란 '어떤 과보를 받기 위해서 보시하는 것'이다. 이 때 말하는 과보에는 두 가지가 있는데, 하나는 지금 받는 과보이고 다른 하나는 나중에 받는 과보다. 보시를 한 다음에 칭찬을 받거나 존경을 받거나 사랑을 받는 것은 '지금 받는 과보'에 속하고, 보시의 공덕으로 내생에 부귀영화를 누리는 것은 '나중에 받는 과보'다. 그러나 이렇게 과보를 바라고 이루어지는 보시는 상거래와 같다. 다른 지역으로 멀리 간 장사꾼이 비록 갖가지 물건을 가지고 가서 그 지역 사람들에게 많은 이득을 주기는 하지만, 이는 그 사람들을 가엾게 여겨서가 아니라 자신의 이익을 위한 것이기 때문에 그의 행동을 깨끗한 것이라고 볼 수 없다는 것이다. ≪백론(百論)≫의 가르침이다.

진정한 보시인 보시바라밀에서는 베풂을 통해서 물건도 버리지만(捨), 베풀었다는 마음도 버린다. ≪금강경≫에서 가르치는 '무주상(無住相)보시'가 바로 보시바라밀이다. 티내지 않는 베풂이다. 남에게도 티가 나지 않지만, 자신에게도 베풀었다는 생각이 들지 않는다. ≪대반열반경≫에서는 이런 베풂을 '다친 아들을 돌보는 어머니의 보살핌'에 비유한다. 다친 아들을 돌보는 어머니에게 베풀었다는 생각이 날 리도 없고, 흐뭇한 기분이 들 리도 없고, 보답을 바라는 마음이 있을 리도 없다. 안쓰러운 마음에서 계속 보살필 뿐이다. 보시하는 자, 보시를 받는 자, 보시하는 물건의 세 가지에 대한 분별이 사라진, '삼륜청정(三輪淸淨)의 보시'다. 보시라는 법에 집착하지 않는 법공(法空)의 통찰이다. 공성과 자비는 동전의 양면이다.

지계와 지계바라밀은 다르다. 지계는 선과 악을 구분한 후 계를 지키는 것이지만, 지계바라밀에서는 선과 악의 구분이 사라진다. 선과 악을 구분하는 가치판단을 상실했기 때문이 아니라, 너무나 선하기 때문에 선과 악의 구분조차 모르는 지계의 실천이다. 공자는 나이 40에 불혹, 50에 지천명, 60에 이순, 70에 종심(從心)의 경지가 되었다고 한다. 마지막의 종심이란 '종심소욕불유구(從心所慾不踰矩)'의 앞글자다. "마음에서 욕구하는 바가 세속적 윤리, 도덕의 잣대를 넘어가지 않는다."는 뜻이다. 불교적으로 풀어서 말하면 '계율을 어기는 마음'이 눈곱만큼도 나지 않는다는 말이다. 내 속을 남에게 다 보여주고 살아도 부끄러울 것이 전혀 없다는 말이다. 왜냐하면 일거수일투족은 물론이고 마음속속들이 '선(善)함' 그 자체가 되었기 때문이다. 따라서 선과 악을 구분하고서 악을 멀리 하려는 마음을 낼 필요가 없다. ≪금강경≫에서는 이를 "법도 버리는데, 하물며 비법(非法)이랴"라고 표현한다. "선도 행하지 않는데, 하물며 악을 행하겠는가?"라는 뜻이다. 진정으로 선한 사람은 선을 행한다는 생각조차 들지 않는다. 지계라는 법에 대해 분별을 내지 않는 지계바라밀의 경지다.

인욕(忍辱)은 참는 것이다. 주로 모욕이나 핍박을 참기에 '욕(辱)'자를 덧붙여 한역했지만, 단순히 '참음'을 의미하는 산스끄리뜨어 끄산띠(Kṣānti)의 번역어다. 인욕을 실천할 때 우리는 모욕이나 핍박은 물론이고 칭송이나 아첨도 참아야 한다. 모욕이나 핍박을 참기는 쉽다. 성인들의 전기를 통해 익히 알고 있는 '훌륭한 행동'이기 때문이다. 그러나 칭송이나 아첨은 참기가 쉽지 않다. 누가 나를 칭송하면 입이 벌어지고 흐뭇한 마음이 솟는다.

인욕과 인욕바라밀은 다르다. 인욕은 단순히 참는 것이지만, 인욕바라밀은 참는다는 생각 없이 참는 것이다. 참아도 힘들지 않다. 분노와 교만심이 솟구치는데 억지로 참는 것이 아니라, 그 마음이 허공과 같이 비었기에 참는 것처럼 보일 뿐이다. 참아도 참는다고 할 것도 없다. 마치 무골호인과 같다. "착한 사람이 암에 잘 걸린다."는 속설이 있다. 마음속에서는 분노와 원망이 들끓는데, 심지가 약하거나 힘이 없어서 억지로 참기 때문이다. 진짜 착한 사람이 아니다. 진짜 착한 사람은 모욕을 당해도 전혀 화가 나지 않기에 참을 것도 없다. 다만 악업을 짓는 상대가 안쓰러울 뿐이다.

육바라밀의 네 번째 덕목인 정진바라밀 역시 마찬가지다. 단순한 '정진'은 부지런한 것인데, 정진바라밀은 항상 부지런하게 살아도 힘이 들지 않는 것이다. 정진이랄 것도 없기 때문이다. '40대 과로사(過勞死)'라는 말이 가끔 신문에서 눈에 띈다. 너무 많은 일을 하다가 심장마비로 돌연사 하는 것이다. 그러나 우리는 한 번에 하나의 일밖에 할 수 없다는 점을 통찰하고서 매 순간 앞에 놓인 일에 전념할 때, 크게 힘들다는 생각 없이 많은 일을 할 수 있다. 항상 부지런하고 참으로 많은 일을 하고 살아도 전혀 힘들어 보이지 않는 정진바라밀의 삶이다.

선정(禪定)은 지(止)라고 번역되는 샤마타(Samatha)와 관(觀) 이라고 번역되는 위빠싸나(Vipassanā)가 함께 하는 지관(止觀) 의 수행이다. '정려(靜慮)'라고 번역하기도 한다. 가부좌 틀고 앉 아서 마음을 모으고 '곰곰이 생각하는 것', '가만히 관찰하는 것' 이다. 그러나 걷든 서든 앉든 눕든 내가 경험하는 모든 것을 가만 히 관찰하고, 곰곰이 생각할 때 '선정바라밀'이 된다. 행주좌와 (行住坐臥)가 모두 선이라는 자각 하에 선을 닦는 것이다.

지혜를 의미하는 산스끄리뜨어 쁘라즈냐(Prajñā)를 음사하여 반야(般若)라고 쓴다. 빠알리어로는 빤냐(Paññā)다. '무상(無 常), 무아(無我), 고(苦)'나 '고집멸도의 사성제' 등에 대한 통찰 이다. 그리고 이런 반야에 '법'들조차 실체가 없다는 통찰이 함께 할 때 반야바라밀이 된다. 예를 들어 "자아가 없다."는 무아에 대 한 통찰은 반야일 뿐이지만, 자아를 이루고 있는 구성요소인 '색, 수, 상, 행, 식'의 오온조차 공하다는 통찰이 함께 하면 반야바라 밀이 된다. 요컨대 아공(我空)과 법공(法空) 모두에 대한 통찰을 반야바라밀이라고 부르는 것이다.

🪷 보리도차제

수년전 텔레비전에서 '차마고도'라는 제목의 다큐멘터리를 방영한 적이 있다. 차마고도(茶馬古道)란 '차'와 '말'의 교역로로 중국의 서남부에서 티벳을 거쳐 인도로 이어지는 옛길이다. 그 다큐에서 가장 인상적이었던 것은 티벳인들의 강력한 신앙심을 보여주는 삼보일배 장면이었다. 세 걸음 걷고 한 번 절하면서 험준한 티벳고원을 오르내린다. 무릎은 헐고 관절은 붓지만 개의치 않는다. 노숙을 하면서 불교성지를 향해서 걷고 또 걷는다. 지난한 고행의 길이다. 세계 그 어디에서도 티벳인들처럼 적극적이고 능동적인 신앙심을 가진 종교인들을 만나기 쉽지 않을 것이다. 그들의 신앙심에는 '강력한', '적극적', '능동적'이라는 수식어가 어울린다.

티벳인들이 이렇게 깊은 신앙심을 갖게 된 비결은 티벳에서 개발된 특유의 불교교육체계에 있다. 이를 '보리도차제'라고 부른다. 티벳어로는 장춥람림(Byang Chub Lam Rim)이라고 하는데 줄여서 '람림'이라고 쓰기도 한다. '장춥'은 '깨달음' 즉 보리(菩提)를 의미하고, '람'은 길(道)이며, '림'은 단계(次第)라는 뜻이다. 보리도차제란 '깨달음으로 가는 길에 매겨진 순서'를 의미한다. 보리도차제에서는 누구나 이해할 수 있는 쉬운 말과 비유로 인간과 생명과 세계에 대한 통찰을 차근차근 제시한다. 한 구절, 한 구절 읽어가면서 저절로 고개가 끄덕여진다. 읽는 것이 그대로 수행이다. 공포심과 감동이 교차하면서 우리의 감성과 지성은 서서히 변화한다. 불교적으로 개조되는 것이다. 누가 보든 안 보든, 깨어 있든 꿈에서든, 말과 생각과 일거수일투족 모두 부처님의 가르침과 점차 합치해 들어간다. 강력하고, 적극적이고, 능동적이고, 독실한 불자로 환골탈태하는 것이다.

불전의 양은 너무나 방대하다. 불교에 입문했는데 먼저 어떤 경전을 봐야 할지, 어떤 수행을 해야 할지 고민스러워 난감했던 불자들이 적지 않을 것이다. 그러나 보리도차제를 지침으로 삼으면 이런 고민이 해결된다. 보리도차제에서는 대승과 소승의 가르침을 모두 취합하여 불교수행의 순서에 맞추어 하사도(下士道), 중(中)사도, 상(上)사도의 삼사도(三士道)로 정리하고 있다. 불전의 모든 가르침을 불자들의 '교육과정'으로 재편해 놓은 것이다. 첫 단계인 하사도에서는 윤회의 세계 속에서 향상하는 것, 즉 내생에 인간계나 하늘나라와 같이 좋은 세간에 태어나는 것을 목표로 삼는다. 그 방법은 남에게 많이 베풀고 계율을 잘 지키면서 살아가는 것이다. 나의 행복을 추구하는 세속의 길이다. 둘째 단계인 중사도에서는 윤회의 고통을 절감하고서 해탈, 열반을 추구한다. 계, 정, 혜 삼학의 수행을 통해서 번뇌의 뿌리를 뽑는다. 소승불교의 성자인 아라한을 궁극적 목표로 삼는 전문수행자의 길이다. 셋째 단계인 상사도에서는 불교수행이 무르익어서 해탈과 열반이 멀지 않은 수행자가, 보리심을 발하여 소승적 열반을 유예하고서. 윤회 속에 머물면서 성불의 그날까지 상구보리, 하화중생의 삶을 살아간다. 자비심 가득한 대승보살의 길이다.

하사도(下士道), 중(中)사도, 상(上)사도를 차례대로 세간도, 나한도, 보살도라고 부를 수 있다. 하사도인 세간도에서는 윤회 속에서의 향상을 추구하고 중사도인 나한도에서는 윤회에서 벗어남을 추구하며 상사도인 보살도에서는 다시 윤회 속으로 들어와 이타의 삶을 살아간다. 그 누구라고 하더라도 첫 수행은 세간도인 하사도에서 시작해야 한다. 하사도 수행이 완성되어야 그 다음 단계인 나한도의 중사도 수행에 들어갈 수 있고, 중사도 수행이 무르익어야 그 다음 단계인 상사도의 보살도를 닦을 수 있다. 중사도의 수행자는 하사도의 심성을 갖추고 있고 상사도의 수행자는 하사도와 중사도에서 익혔던 심성과 통찰 모두 그대로 갖추고 있다. 이렇게 보리도차제의 수행은 누적적(累積的)이다.

하사도 수행에서 가장 먼저 닦아야 할 수행은 '죽음에 대한 명상'이다. '명상'이라는 용어를 썼지만, 심오하고 독특한 어떤 수행이 아니라, '죽음에 대해 분별하고 생각하는 수행'이다. 이때의 '죽음'은 '나의 죽음'이다. 공포심이 들 때까지 "나는 언젠가 반드시 죽는다.", "죽음의 시기는 정해져 있지 않다."는 등의 생각을 계속 떠올린다. '죽음에 대한 명상'이 완성되면 재물욕이나 명예욕과 같은 세속적 욕망이 사라지고 '종교심'이 솟는다. 그 다음에는 '아귀, 축생, 지옥'이라는 삼악도의 처참한 삶에 대해 공부한다. 우리는 내생에 대개 삼악도에 태어난다. 두려움이 생긴다. 이때 비로소 불, 법, 승 삼보에 의지할 마음이 진심으로 솟는다. 참된 불자로서의 삶이 시작되는 것이다. 부처님의 가르침을 알고 실천함으로써 내생의 불행을 예방할 수 있기 때문이다. 그 다음에는 선악의 기준인 십선계와, 인과응보의 가르침과, 파계한 악업의 과보에 대해 배운다. 그 결과 누가 보든 안 보든, 언제 어디서든 눈곱만큼의 악도 행하지 않는 선하고 도덕적인 불자가 된다. 요컨대 하사도 수행에서는 '자신의 죽음'과 '삼악도의 내생'과 '악행의 과보'에 대해 깊이 이해함으로써 "속물처럼 살지 않겠다."는 '종교심'과 "꿈속에서도 악을 짓지 않겠다."는 '도덕성'을 완성하는 것이다.

하사도 수행이 완성되면 비로소 중사도 수행에 들어간다. 하사도 수행의 완성 여부는 내 양심에 비추어 내가 판단한다. 나의 도덕성과 나의 종교심을 가장 잘 아는 사람은 바로 나 자신이기 때문이다. 중사도 수행의 목표는 '출리심(出離心)'의 완성이다. 출리심은 염리심이라고도 부르는데 인간계든 하늘나라든 윤회의 세계에서 벗어나겠다는 마음이다. 왜냐하면 내생에 인간계나 하늘나라에 태어나는 것은 극히 드문 일일 뿐 아니라 그렇게 태어나도 언젠가는 다시 아래 세계로 떨어지기 때문이다. 그래서 고, 집, 멸, 도의 사성제를 공부하고 계, 정, 혜 삼학을 닦아서 번뇌를 제거하는 수행에 전념한다. 이런 번뇌는 '세속에 맺힌 한'이기에 이를 제거할 경우 우리는 세속에 다시 태어나지 않는다. 윤회 속에 들어오지 않는다. 해탈하는 것이다. 열반하는 것이다.

중사도 수행을 통해 번뇌가 어지간히 소진되었을 때 수행자는 주변을 둘러본다. 내 부모가 보이고, 형제가 보이고, 친척이 보이고, 친구가 보이고, 뭇 생명들이 보인다. 나는 중사도 수행을 하여 번뇌를 제거하기에 다시는 윤회하지 않을 수 있겠지만, 내 주변의 이 모든 생명들은 육도윤회의 세계에서 삼악도의 고통을 겪으면서 탄생과 죽음을 무한히 되풀이 할 것이다. 이 때 수행자에게 연민의 마음이 솟는다. 그리고 "나만 혼자 갈 수 없겠다."는 생각에서 그냥 윤회의 세계에 머물면서 이들을 돕고 제도하겠다는 다짐을 하게 된다. 상사도인 보살의 삶을 시작하는 것이다. 뭇 생명을 돕는 가장 좋은 방법은 내가 언젠가 부처가 되는 것이다. 부처가 되어야 그 복덕의 힘으로 보다 많은 생명을 제도할 수 있기 때문이다. '부처가 되겠다는 마음', 다시 말해 '깨달음을 얻겠다는 마음'을 '보리심'이라고 부른다. 상사도에서는 먼저 보리심을 강화시키는 수행에 들어간다. 우리에게는 무한한 전생이 있었고 개개의 전생마다 우리를 낳고 길러준 어머니가 계셨을 것이다. 아직 해탈하지 못한 이상 그 어머니들 모두 지금 어딘가에서 윤회하고 있을 것이다. 따라서 ①모든 중생은 전생에 한 번 이상 나의 어머니였고(知母), ②어떤 어머니든 그 은혜는 막중하며(念恩), ③반드시 그 은혜를 갚는 것이 도리이고(報恩), ④이를 위해서는 모든 중생에게 행복을 주고(慈心), ⑤모든 중생의 고통을 제거해 주며(悲心), ⑥이런 자비의 마음을 더욱 강화하여(意樂), ⑦반드시 성불하여 모든 중생의 고통을 내가 짊어지겠다는 서원을 한다(菩提心). 일곱 단계로 이어지는 마음이기에 이를 칠종인과법이라고 부른다. 그 후 보시, 지계, 인욕, 정진, 선정의 육바라밀을 닦고 보시, 애어, 이행, 동사의 사섭법(四攝法)으로 모든 생명체를 포용하며 가부좌 틀고 앉아 지관쌍운(止觀雙運)의 수행에 전념한다. 지관쌍운 수행의 궁극에서 공성에 대한 통찰이 완성된다. 이를 청정견(淸淨見)이라고 부른다. 모든 중생에 대한 자비심인 '보리심'을 체화하고 공성에 대한 통찰인 '청정견'을 획득하는 것. 상사도의 수행 목표다.

보리도차제의 하사도는 세속에 사는 일반인의 길이고, 중사도는 출가한 소승수행자의 길이며, 상사도는 출, 재가를 막론하고 성불을 지향하는 대승보살의 길이다. 수학 공부에서 덧셈과 뺄셈을 알아야 곱셈과 나눗셈을 할 수 있고, 곱셈과 나눗셈을 알아야 인수분해를 풀 수 있고, 인수분해를 알아야 미적분을 알 수 있듯이, 하사도 수행이 완성되어야 중사도 수행에 들어갈 수 있고 중사도 수행이 무르익어야 진정한 상사도 수행자, 보살의 삶을 살아갈 수 있다. 미적분을 푸는 사람이 인수분해는 물론이고, 곱셈과 나눗셈, 덧셈과 뺄셈에 모두 능통하듯이, 보리심을 실천하고 청정견을 추구하는 상사도 수행자의 마음에는 중사도의 출리심은 물론이고 하사도의 종교심과 도덕성 역시 늘 함께 한다.

부처님의 가르침을 이렇게 하사도, 중사도, 상사도로 단계화하여, 이를 따르면서 차근차근 나의 감성과 지성을 개조해 갈 때 '차마고도'의 티벳불자들에게서 보았듯이, 불교에 대한 신심이 몸에 밴 강력하고, 적극적이고, 능동적인 불자로 개조된다. 보리도차제의 힘이다.

🪷 일미진중함시방

  일미진중함시방(一微塵中含十方). "먼지 한 톨 속에 온 우주
가 모두 담겨 있다."는 뜻이다. ≪화엄경≫의 가르침을 210자로
요약한 의상(義湘: 625~702) 스님의 ≪법성게≫ 가운데 한 구
절이다. ≪화엄경≫의 부처님은 비로자나부처님이다. 비로자나
는 산스끄리뜨어 와이로짜나(Vaircana)의 음사어다. '태양에서
유래한' 또는 '태양에 속한'이라는 뜻이다. 그래서 대일(大日)이
나 광명변조(光明遍照)라고 한역한다. 저 하늘의 태양이 온 세상
을 비추듯이 비로자나부처님의 광명은 온 우주를 감싼다. 우리의
마음과 생명과 세상 전체를 속속들이 비추신다.
  '화엄 신화(Myth)'에 의하면 우리가 사는 이 세계는 대위광(大
威光)이라는 이름의 태자의 서원에 의해 이룩된 곳이라고 한다.
대위광 태자께서 수없는 세월을 윤회하면서 무수히 많은 부처님
을 모시고 무량억겁에 걸친 보살행을 통해 공덕을 쌓은 후 비로
자나라는 이름의 부처님이 되시면서 그 몸이 그대로 이 세계로
변했다. '화장장엄(華藏莊嚴)세계'가 탄생한 것이다. 화장장엄세
계란 '온갖 꽃으로 장식된 세계'라는 뜻이다. 우리는 누구나 그

분의 몸속에 살고 있다. 비로자나부처님의 털구멍 속에서 살고
있다. 더 나아가 온 우주가 비로자나부처님의 털구멍과 같은 작
은 공간 속에 담겨있다.

　화엄학에서는 우리가 살고 있는 이 세상을 기세간(器世間)과
중생세간(衆生世間)과 지정각세간(智正覺世間)의 세 겹으로 구
분한다. 기세간이란 지구나 우주와 같은 물리적 세계를 의미하고
중생세간은 그런 물리적 세계에서 살고 있는 온갖 생명체를 가리
키며, 지정각세간은 깨달은 불보살의 세계다. 이 세 가지 세계가
오버랩(Overlap) 되어 있지만 아직 깨닫지 못한 우리는 기세간
과 중생세간만 체험할 뿐이다. 아직 깨닫지 못한 인간의 눈에는
중생세간 중 그나마 인간계와 축생계만 보이고, 기세간 중에는
그나마 수미산인 지구(地球)와 허공과 물리적 우주만 보일 뿐이
다. 우리는 전생, 또는 그 이전의 어떤 생에 지었던 업의 과보로
받은 세계에서 인간이라는 중생으로 살아갈 뿐이다. 아직은 무명
에 덮여 있기에 불보살의 세계인 지정각세간을 보지 못한다.

　그러나 깨달음을 얻으면 온 세상이 생명을 갖는 존재로 살아나
약동하기 시작한다. 해와 달이 노래하고 밤과 낮이 노래하고 산
과 강이 노래한다. 일광보살, 월광보살, 주야신(主夜神), 주주신
(主晝神), 주산신(主山神) ……. 또 우리 주위의 모든 것은 휘황

찬란한 보석이었고, 온 우주가 깨달음을 가르치고 있었음을 알게
된다. 온 세계가 비로자나부처님의 몸으로서 한 시도 쉬지 않고
연기(緣起)와 공(空)과 중도(中道)의 진리를 가르친다. 지정각세
간인 화장장엄세계의 모습이 그대로 드러나는 것이다. '일미진중
함시방' 역시 그런 화장장엄세계에 대한 묘사 가운데 하나다. 우
리는 광명변조하신 비로자나부처님의 몸속에 살고 있다. ≪화엄
경≫에서 노래하듯이 "그 분의 몸은 온 세상에 충만하고 그 분의
음성은 시방국토에 널리 퍼진다." 보이는 모든 것이 그 분의 몸
이고, 들리는 모든 것이 그 분의 음성이다.

　세상에서 일어나는 모든 일들에 대해 두 가지 방식으로 관찰할
수 있다. 하나는 '국소(局所)적으로 관찰하는 것'이고, 다른 하나
는 '편재(遍在)한다고 관찰하는 것'이다. 다시 말해 어떤 사건이
일어났을 때 그것이 특정한 위치에서 발생했다고 볼 수도 있고
그 사건이 온 세상에 퍼져 있다고 볼 수도 있다. 예를 들어 내
방의 책상 위에 컵이 하나 있을 때, "그 컵의 모습이 책상 위에
있다."고 보는 것은 '국소적 관찰'이고 "그 컵의 모습이 내 방에
가득 차 있다."고 보는 것은 '편재적 관찰'이다. 전자는 일반적이
고, 상식적인 관찰이고 후자가 바로 화엄적인 관찰이다.

　오래 된 수수께끼가 하나 있다. "어느 부잣집 대감이 아들을

장가보내려고 며느릿감을 구한다는 방을 붙였다. 세 명의 아가씨가 지원했는데, 대감은 이들에게 각각 100냥씩 주면서 무엇이든 사와서 방안을 가득 채워보라고 하였다. 첫 아가씨는 비단을 사와서 넓게 펼쳐보였고, 둘째 아가씨는 실타래를 사와서 풀어 놓았는데, 셋째 아가씨는 한 냥짜리 초만 달랑 사오고 99냥을 대감에게 돌려드렸다. 의아해 하는 대감 앞에서 아가씨는 초 심지에 불을 붙였다. 순식간에 불빛이 방안에 가득 찼다. 셋째 아가씨가 며느리로 발탁되었다."

그런데 촛불의 광명만 온 방안에 가득 차는 것이 아니다. 엄밀히 말하면 우리 눈에 보이는 모든 모습들은 하나하나 온 우주에 가득 찬다. 예를 들어 책상 위의 컵을 바라볼 때, 내 눈으로 저 컵을 보고 있는 것처럼 생각되지만, 사실은 나의 안구 속 망막에 비친 컵의 영상을 보고 있을 뿐이다. 컵의 모습은 저 책상 위에 있기도 하지만, 온 방안에 가득 차 있기도 하다. 그래서 방 안의 그 어느 곳에서 컵으로 시선을 향해도 컵의 모습이 나의 동공 속으로 빨려 들어온다. 이 세상 모든 사물의 모습들은 눈에 뚫린 동공으로 빨려 들어와서 망막의 스크린에 영상을 맺는다. 밝은 곳에서 조리개가 축소하여 동공의 크기가 깨알처럼 작아져도, 그 구멍으로 내 눈 앞의 풍경이 모두 빨려 들어온다. 나의 눈동자를 이 세상 그 어디에 두어도 이 세상의 모습이 보이는 이유는 그 어느 지점에든 이 세상의 모습이 모두 담겨있기 때문이다. '일미진중함시방'이기 때문이다.

　화엄학에서는 이 세상의 궁극적인 모습을 열 가지 원리로 요약하는데 이를 십현문(十玄門)이라고 부른다. '열 가지 심오한 통찰'이라는 뜻이다. 그 가운데 인다라망경계문(因陀羅網境界門)에 대한 설명을 참조할 때 '일미진중함시방'의 의미가 더욱 뚜렷하게 드러난다. '인다라망'은 '인드라(Indra) 신의 그물'이라는 뜻이다. 인드라 신은 욕계 도리천의 천주(天主)인 석제환인(釋帝桓因)으로 '제석천'이라고 부르기도 한다. 도리천의 천궁은 입체적인 그물로 덮여 있는데, 그물의 매듭마다 반짝이는 구슬이 달려있다. 그런데 화장장엄세계인 이 세상의 구조가 이런 '인드라 신의 그물'처럼 생겼다는 것이다. 거울처럼 반짝이는 구슬이 있을 경우, 그 표면에는 주변의 모든 풍경이 다 비쳐질 것이다. '동, 서, 남, 북'의 4방과 '남동, 남서, 북동, 북서'의 4유 그리고 '상, 하'까지 합하여 온 방향의 모습이 모두 비칠 것이다. 시방의 풍경 전체가 작은 구슬의 표면으로 다 빠져 들어간다. 그런 구슬들이 그물의 매듭마다 촘촘히 달려 있기에 개개의 구슬들은 서로가 서로를 비추고, 비춘 모습들이 다시 다른 구슬에 비쳐진다. 그 가운데 어느 한 구슬에 검은 점을 찍으면 그 검은 점은 다른 모든 구슬에 나타난다. 이 세상이 이런 인다라망과 같이 생겼다는 통찰이 '인다라망경계문'이다. ≪화엄오교지관(華嚴五敎止觀)≫에 실린 두순(杜順) 스님의 설명이다.

하나의 사건이 발생하면 그 즉시 온 우주에 편재한다. 마치 인다라망에 달린 구슬 하나에 검은 점을 찍으면 즉시 그 점의 모습이 온 구슬에 나타나듯이 ……. 사물의 모습만 그런 것이 아니다. 지금 내 방에서 울리는 괘종시계 소리는 이 방안에 꽉 차 있다. 소리가 클 경우 방 밖까지 퍼진다. 지금 가스레인지에서 끓고 있는 된장찌개 냄새는 우리 집에 꽉 차 있다. 냄새가 짙으면 집 밖까지 퍼진다. 모습이든, 소리든, 냄새든 발생한 순간에 사방으로 퍼진다. 따라서 지금 내 눈 앞 허공의 한 톨 먼지 같은 작은 공간 속에는 나의 모습이 들어 있고, 컴퓨터의 모습이 들어 있고, 내 책상의 모습이 들어 있고, 책상 위 컵의 모습이 들어 있다. 내 주변의 모든 모습이 들어 있다. 부엌에서 끓이는 된장찌개 냄새가 들어 있고, 내 몸의 땀 냄새가 들어 있고, 비가 새는 천정에 핀 퀴퀴한 곰팡이 냄새가 들어 있다. 내 주변의 모든 냄새가 들어 있다. 컴퓨터 자판을 두드리는 소리가 들어 있고, 벽에 걸린 시계의 째깍거리는 초침 소리가 들어 있고, 방 밖에서 들리는 자동차

경적 소리가 들어 있고, 따르릉 울리는 내 휴대폰 소리가 들어 있다. 내 주변의 모든 소리가 들어 있다. 더 나아가 내 휴대폰으로 송수신하는 모든 전파가 들어 있고, 우리 국민과 전 인류가 송수신하는 수 억 대의 휴대폰 전파가 들어 있다. 더 넓게는 전 세계 모든 라디오 방송국의 전파가 들어 있고 모든 TV방송국의 전파가 들어 있고, 창문너머 들어오는 햇살이 들어 있고, 하늘에 휘영청 뜬 달빛이 들어 있고, 멀리 북극성의 별빛이 들어 있다.

내 눈 앞 그 어느 '한 점 공간'을 잡아도 그 속에는 모든 모습, 모든 소리, 모든 냄새, 모든 전파, 모든 빛살이 들어 있다. 온 우주에서 발생한 모든 사건들이 먼지 한 톨 크기의 공간 속에 다 들어간다. '일미진중함시방'이다. 그런데 우리가 사는 이 세계는 그런 '한 점 크기의 공간'들로 가득하다. 따라서 그 어느 지점에도 온 우주가 들어 있다(一切塵中亦如是). 그 어느 '한 점'이든 모든 것을 다 갖춘 완벽한 불국정토다. 마치 화가가 붓으로 그림을 그리듯이 '한 점 마음(心)의 흐름'으로 자신이 사는 세상을 그리는 낱낱의 생명체(衆生)들이 모두 그 주인공이다. 누구나 부처님(佛)이다. 마음과 부처와 중생, 이 세 가지는 전혀 다르지 않다(心佛及衆生 是三無差別). 먼지 한 톨 크기 공간 속에 온 우주가 들어 있기에 어디나 불국토이고 누구나 부처님이다. 절대평등을 노래하는 ≪화엄경≫의 가르침이다.

🪷 밀교, 금강승

불교의 다양한 교리 가운데 밀교(密敎)만큼 오해를 산 것도 드물 것이다. 티벳밀교 사원에 가면 남존(男尊)과 여존이 부둥켜안고서 성교하는 모습의 불상인 합체존이 모셔져 있다. 합체존을 '얍윰(Yab Yum)'이라고 부른다. 티벳어로 '얍'은 아버니, '윰'은 어머니를 의미하기에 부모존이라고도 번역한다. 또 밀교 경전에는 성(Sex)과 관련된 이미지가 많이 등장한다. 그래서 '밀교' 수행법에는 성행위가 포함되어 있을 것이라 상상한다. 그러나 이는 이만저만한 오해가 아니다. 밀교는 문자 그대로 '비밀스러운 가르침'인데, 여기서 말하는 '비밀'이란 "남부끄러워서 비밀스럽게 수행한다."는 의미의 비밀이 아니라, 스승이 그 가르침을 제자에게 '비밀스럽게' 전한다는 뜻이다. 누구에게나 공개된 가르침인 소승과 대승의 현교(顯敎)에 대비되는 이름이다. 밀교 역시 청정한 계율을 기반으로 삼는다.

밀교를 불교딴뜨리즘이라고 부르기도 한다. 힌두교의 딴뜨리즘과 구별하기 위해서 불교라는 말을 덧붙여 부르는 것이다. 딴뜨라(Tantra)는 원래 옷감을 짜는 '베틀', 또는 '베틀에 세로로 걸어 놓은 날실'을 의미하는데, 의미가 전용되어 '토대, 체계, 교리'를 뜻하는 말로 바뀌었다. 딴뜨라에는 '의례나 명상의 지침'이 실려 있기에, '추상적인 가르침'이 담긴 소승이나 대승의 수뜨라(Sūtra, 經)와 대조된다. 불교수행에서 가장 강력한 길이라는 의미에서 금강승(金剛乘)이라고 부른다. 소승의 경우 아라한을 지향하며, 대승에서는 3아승기겁에 걸친 보살도 이후의 성불을 지향하지만, 밀교인 금강승에서는 현생에서의 성불을 목표로 삼는다. 수행의 목표에서 소승보다 높고, 수행의 기간에서 대승보다 빠르다.

밀교, 즉 금강승의 기원에 대해서는 학문적으로 논란이 많지만, 그 종교적 상징물이나 의식 용구 가운데 많은 것들은 인도의 힌두밀교나 티벳의 샤마니즘인 뵌교(Bon敎)에서 유래하였다. 예를 들어 합체존의 경우, 힌두밀교에서는 남존을 절대자인 쉬와신(Śiva神), 여존을 성력(性力)인 샤끄띠(Śakti)로 간주한 후 이들의 성교를 '세계창조'와 결부시키는데, 금강승에서는 동일한 외형의 합체존을 빌려와 남존을 '자비 방편', 여존을 '반야 지혜'를 상징한다고 새롭게 의미를 부여하고 성교의 오르가즘을 '깨달음의 대락(大樂)'에 대비시킨다. 금강승에서는 불교 밖에서 유래한 종교의식이나 존상에 대해 불교적 의미를 부여함으로써 수많은 수행법과 의례를 개발해 내었다.

금강승의 교학적 토대나 수행목표 모두 대승과 마찬가지다. 금강승의 교학적 토대는 대승불교사상인 중관(中觀)과 유식(唯識)에 있으며, 그 수행목표 역시 대승과 마찬가지로 성불이다. 금강승이 대승과 차별되는 점은 그 수행방법에 있다. 대승과는 비교되지 않는 다종다양한 수행방법을 갖는다는 점에서 금강승을 '방편승(方便乘)'이라고 부른다.

또, 금강승에서는 스스로를 '과승(果乘: Phalayāna)', 대승을 '인승(因乘: Hetuyāna)'이라고 부르기도 한다. '인승'이란 보살행의 '인(因)'을 통해 불과를 얻는다는 의미이고 '과승'이란 수행의 '결과(果)'인 부처의 '법신'과 '보신'과 '화신'의 삼신을 수행의 '인'으로 삼는다는 의미이다. 대승에서는 3아승기 100겁이라는 무한 세월에 걸쳐서 지혜를 닦고 자비를 실천하는 보살행의 '원인'을 지음으로써 부처라는 '결과'에 도달하고자 하는 반면에 금강승에서는 '불과(佛果)'라는 결과 그대로를 수행방법으로 사용하여 부처라는 결과를 성취한다. 즉, 부처의 인격과 지혜를 떠올리면서 자신의 행동과 말과 생각이 그대로 부처와 합치한다고 명상함으로써 부처가 되고자 한다.

《대지도론》에서는 '복덕'과 '지혜'의 유무에 의해서 부처와 아라한과 전륜성왕을 비교한다. 복덕과 지혜를 모두 갖추면 부처님이고, 지혜는 있지만 복덕이 없으면 아라한이며, 지혜는 없고 복덕만 있으면 전륜성왕이다. 부처님이나 아라한 모두 삶과 죽음을 초월한 지혜를 갖추고 있지만, 전륜성왕에게는 그런 지혜가 없다. 그러나 아라한의 복덕은 부처만 못하다.

아라한을 추구하던 수행자가 크게 보리심을 발하면 대승의 길에 들어서서 공덕을 쌓기 시작한다. 부처가 되기 위한 것이다. 왜냐하면 부처의 복덕을 갖추어야 큰 세력을 이루어 보다 많은 중생을 제도할 수 있기 때문이다. 따라서 보리심이란 "보다 많은 중생을 제도하겠다."는 '큰 자비심'이다. 부처가 갖춘 복덕은 3아승기 100겁에 걸친 보살행의 공덕으로 이루어진 것이라고 한다. 3아승기겁동안 보신의 공덕을 짓고, 남은 100겁 동안 '32상 80종호'의 화신을 갖추기 위한 공덕을 짓는다. 그런데 금강승에서는 3아승기 100겁이라는 기간을 현생의 1생으로 단축시킨다. 보다 빨리 많은 중생을 제도하기 위해서다. 금강승 역시 '큰 자비심'을 그 기반으로 삼는다.

보살행의 공덕을 1생에 모두 이루려면 급속하게 많은 공덕을 지어야 한다. 그래서 다양한 수행법이 개발되었다. 예를 들어, 마니보륜이란 것이 있다. 회전하는 둥근 통인데, 그 속에는 다라니

나 불경을 가득 적은 종이가 촘촘하게 말려있다. 마니보륜 통을 한 번 돌리면 그런 다라니를 적은 수만큼 암송한 공덕이 발생한다고 믿는다. 예를 들어 '옴마니반메훔'이라는 관세음보살 진언을 3천 번 적은 종이가 말려 있는 마니보륜을 한 번 돌리면, 그런 진언을 3천 번 봉독한 꼴이 된다. 열 번 돌리면 3만 번, 백 번 돌리면 3십만 번, 천 번 돌리면 3백만 번 봉독한 공덕이 발생한다. 진언이나 불경을 봉독할 경우 공덕이 발생하며 그 횟수가 많을수록 공덕의 양도 크다고 하는데, 수백 년 동안 외워야 쌓을 수 있는 다라니 봉독의 공덕을 단 몇 시간에 모두 이룬다. 마니보륜은 커다랗게 만들어 사원에 설치하기도 하지만, 언제나 휴대하며 돌릴 수 있도록 작게 만들기도 한다. 티벳에서는 많은 불자들이 이런 휴대용 마니보륜을 상시로 돌리면서 생활한다. 말하자면 마니보륜은 '휴대용 공덕 발생 기계'다.

금강승의 갖가지 수행 '방편'들은 모두 '가상(假象)'을 이용한다는 점에서 독특하다. 티벳의 4대 종파 가운데 닝마파의 '족첸' 수행이나 까규파 '마하무드라' 수행을 하기 위해서는 예비수행으로 ①귀의 예배, ②금강살타 진언, ③만다라 공양, ④구루 요가의 네 가지 수행 각각을 10만 번 되풀이 할 것이 요구되는데 이들 수행에 모두 '가상'이 도입된다.

①귀의예배 수행의 경우 귀의의 대상인 불보살이 실재하는 것처럼 허공에 영상을 만들어 떠올린 후 '삼귀의'를 암송하면서 10만 번 절을 하게 된다. ②금강살타 진언 수행에서는, 먼저 자신의 머리 위에 백색의 '금강살타 부처님'이 가부좌 하고 앉아 있는 모습을 떠올린 후 흰빛의 '감로수'가 금강살타 가슴에서 흘러나와 자신의 악행과 어리석음을 모두 정화한다고 상상한다. ③만다라 공양에서는 '황금색의 쌀', '보석', '동전' 또는 '하늘이나 땅, 해와 달과 별, 나무'와 같은 '자연물의 상징', '수행자의 마음' 등 유형무형의 공양물을 준비한 후 진언을 외우면서 공양물을 접시에 담아 불보살에게 바치는 시늉을 되풀이한다. 이런 상징적 의례를 되풀이함으로써 이기심을 제거하고, 자비심이 자라나며, 수행자의 마음에 신속하게 큰 복덕을 쌓는다. ④구루 요가(Guru Yoga) 수행에서는 스승(Guru)이 집금강(執金剛, Vajradhara) 보살의 모습으로 자신의 정수리 위에 앉아 있는 장면을 떠올린다. 구루와 관계된 진언을 암송하고 축복의 '감로수'가 자신의 몸을 채운다고 관상하면서 스승의 지혜로운 마음과 하나가 되기를 희구한다.

이런 네 가지 예비수행을 마친 수행자는 본격적인 금강승 수행인 생기차제(生起次第)와 원만차제(圓滿次第)수행에 들어가는

데 그 목적은 우리에게 내재한 참된 불성을 발견하여 하나가 되는 것이다. 앞에서 설명했듯이 불과에 의해 불과를 이루고자하는 과승(果乘)의 수행이다. 생기차제에서 수행자는 자신이 부처의 화신이라고 관상(觀想)하며, 원만차제에서는 몸의 맥관을 흐르는 기를 운행하여 자신의 몸을 부처의 화신으로 만든다. 이 때 수행자는 '무지갯빛의 환신(幻身)'을 시현할 수 있게 된다. 이 '무지갯빛의 환신'은 자유자재로 물리적 육체에서 이탈할 수도 있고 되돌아올 수도 있다고 한다. 이런 방식으로 부처의 지혜인 법신과 마음인 보신과 몸인 화신을 모두 성취하는 것이 금강승 수행의 최종 목표가 된다.

그런데 이러한 금강승의 길이 누구에게나 열려 있는 것은 아니다. 대승교학에 근거하여 '보리심'을 익혀서 이기심이 전혀 없고, 공성(空性)의 의미에 대해 충분히 파악한 수행자에 한해 금강승 수행에 들어갈 자격이 부여된다. 칼을 어린아이에게 주지 않는 것과 같다. 금강승 수행은 가치중립적인 심신의학으로 관상 수행을 통해 염력(念力)을 키우고 몸을 변화시키기에 강력한 방편의 힘을 갖는다. 그러나 이기적으로 사용할 경우 그 악업의 힘 역시 엄청나서 내생에 지옥고의 과보를 면치 못한다. 현교를 통해 불교적 심성이 완숙한 제자에게만 비밀스럽게 금강승의 기법을 전하는 이유다. 금강승이 밀교인 이유다.

속담 속에 담은 불교, 명쾌하고 쉬운 불교

초판 제1쇄　2022년　4월　19일
초판 제3쇄　2022년　7월　19일

지은이　김성철
펴낸이　김용범
펴낸곳　도서출판 오타쿠

(우)04374 서울특별시 용산구 이촌로 18길 21-6 이촌상가 2층 203호
02-6339-5050　otakubook@naver.com　www.otakubook.org

출판등록 2018.11.1　등록번호 2018-000093
ISBN 979-11-976180-4-8 (03220)

가격 22,000원 [eBook(가격: 12,000원)으로도 판매합니다]

이 도서의 국립중앙도서관 출판예정도서목록(CIP)은 서지정보유통지원
시스템 홈페이지(http://seoji.nl.go.kr)와 국가자료종합목록 구축시스템
(http://kolis-net.nl.go.kr)에서 이용하실 수 있습니다.

※ 이 책에는 네이버 글꼴이 적용되어 있습니다.